AF237596

Negative Gedanken loswerden & Grübeln stoppen

Wie Sie sich von negativen Denkmustern lossagen, innere Blockaden auflösen und positives Denken etablieren - inkl. Techniken zur Selbsthypnose

Mareike Grenz

INHALT

Was dich in diesem Buch erwartet

Wir alle kennen sie: die Zeiten, in denen wir das Gefühl haben, dass uns alles über den Kopf wächst, wir für unsere Probleme einfach keine Lösung finden, einfach alles „Mist" ist. Auslöser dafür sind verschiedenste Belastungen. Sie können uns in Grübeleien versinken lassen, uns überfordern und möglicherweise schon zu körperlichen Symptomen führen. Manchmal wünschen wir uns, ein bestimmtes Ziel zu erreichen, z. B. eine Prüfung zu bestehen, ertappen uns aber immer wieder dabei, wie wir den Zeitpunkt verschieben. Wir stehen uns selbst im Weg, blockieren uns.

Wir fragen uns: „Warum gelingt mir das nicht?" Uns mit anderen zu vergleichen, ist oft falsch und kontraproduktiv. Jeder Mensch durchläuft im Laufe seines Lebens mehr oder minder schwere Krisen. Doch einige schaffen es leichter, damit fertig zu werden, während andere sich im Kreis drehen oder auf der Stelle treten.

Schnell ist man in Gedankenschleifen verstrickt, die uns ausbremsen. Denn oft spiegeln sie nur *unsere* Realität wider. Objektiv betrachtet ist die Situation eine ganz andere. Unsere Gedanken können uns aber auch weiterbringen.

Das Konstrukt unserer Gedankenwelt entscheidet nicht nur darüber, wer wir sind, sondern auch, wie wir uns fühlen und was wir im Leben erreichen.

Nicht umsonst sagt man, dass schlechte Laune ein Denkfehler ist. Das glaubst du nicht? Auf den folgenden Seiten wirst du erfahren, woher negative Gedanken kommen, welche Folgen sie haben und wie du sie beseitigen kannst. Du wirst beim Lesen erkennen, wie du dich selbst durch Grübeleien blockierst und anhand praktischer Übungen erlernst du, wie du Gedankenkreise unterbrechen bzw. negative Gedanken in positive umwandeln kannst.

Nach der Lektüre dieses Buches wirst du in der Lage sein, Stress besser bewältigen und deine inneren Blockaden lösen zu können.

Du wirst erkennen, dass es manchmal nur Bequemlichkeit ist, die dich ausbremst, anstatt dich aufs Gaspedal treten zu lassen. Ändere nicht nur deine Gewohnheiten, sondern dich selbst.

Du bist, was du denkst! (Buddha)

Nimm dir mal eine Minute Zeit und schreibe alle Gefühle und Gedanken auf, die dir in den Sinn kommen. Danach nimm zwei Textmarker in Grün und Rot und markiere die positiven Gefühle Grün, die negativen Rot.

Und? Bist du erstaunt, wie viel Negatives in dir ist? Woher kommen diese negativen Gedanken und Gefühle? Unser Gehirn ist immer mit Denken beschäftigt. Normalerweise verläuft das Denken linear und ist lösungsorientiert. Zum Beispiel stellst du fest, dass die Milch leer ist. Du denkst: „Ich muss einkaufen!" Vorher gehst du noch zur Bank und schaust vielleicht nach, was du sonst noch brauchst. Manchmal gibt es aber Situationen im Leben, die dazu führen, dass man in Kreisen denkt und zu keinem Ergebnis kommt. Auslöser dafür sind oft persönliche Niederlagen, wie der Verlust der Arbeit, damit verbundene Zukunftsängste und finanzielle Sorgen. Auch Stress oder familiäre Konflikte, langwierige Erkrankungen und Depressionen führen zu negativen Gedanken.

Ob und wie wir mit Stresssituationen fertig werden und wie wir Dinge bewerten, auch, wie wir mit anderen Menschen umgehen, hängt damit zusammen, welche Erfahrungen wir in unserer Kindheit gemacht haben. Unsere engsten Bezugspersonen, in den meisten Fällen unsere Eltern, sind dafür verantwortlich, wie wir selbst uns und die Umwelt wahrnehmen.

Der Umgang mit Erwachsenen, ihre Reaktionen auf unser Verhalten und ihr eigenes Verhalten haben uns in unseren ersten sechs Lebensjahren so weit geformt, dass es unser späteres Dasein nachhaltig beeinflusst. Unsere Überzeugungen, unsere Glaubenssätze – positive wie negative – sind es, die unser Denken und Fühlen im Erwachsenenleben in jedweder Hinsicht bestimmen: Uns immer wieder in die gleichen Fallen tappen zu lassen, uns in Angst und Panik zu versetzen, uns versagen zu lassen und uns innerlich zu blockieren, beruflich oder familiär weiterzukommen.

Ein Beispiel: Max hat eine Freundin, Claudia. Claudia ist in der Beziehung für die Einkäufe zuständig. Sie vergisst, Max' Bier mitzubringen. Der wird furchtbar wütend, weil er denkt, Claudia habe dies absichtlich getan. Er meint, er ist ihr nicht wichtig. Jemand anders würde denken: „Nicht schlimm, dann hol ich mir mein Bier morgen selbst." Doch warum ist Max so empfindlich?

In seiner Kindheit hatten seine Eltern, die selbstständig waren, nicht viel Zeit für Max. Er erklärte sich das auf kindliche Weise, gab sich die Schuld am Verhalten seiner Eltern und dachte: „Ich bin nicht wichtig für Mama und Papa. Ich bin es nicht wert." Eine rationale Erklärung wie „Mama und Papa haben viel zu tun" konnte er als Kind nicht finden. Diese Erfahrung – unwichtig zu sein – hat sich in Max' Kinderseele festgesetzt und wirkt auch noch im Erwachsenenalter fort. Für ihn ist das die absolute Wahrheit, ein sogenannter Glaubenssatz, der Max keinen Raum für eine andere Interpretation für Claudias Verhalten lässt. Denn nichts anderes ist seine Wut auf Claudia, eine Interpretation der Vorgänge. Die Folge ist, dass sich Max deswegen oft mit seiner Freundin streitet und als jähzornig gilt. Und das nur wegen einer falschen Deutung von Claudias Verhalten, wegen eines falschen Glaubenssatzes aus der Kindheit.

Wir alle haben in unserer Kindheit sowohl positive als auch negative Glaubenssätze erlernt. Leider führen die negativen Überzeugungen wie im Beispiel dazu, dass wir die Realität verzerrt wahrnehmen oder uns im schlimmsten Fall selbst schaden.

Die gute Nachricht ist: Dieser und alle anderen negativen Glaubenssätze und Gedanken, die in der Kindheit erlernten Muster, sind keinesfalls starre Steine. Sie lassen sich aufbrechen.

IST DAS WIRKLICH SO? – GLAUBENSSÄTZE ERKENNEN UND ÄNDERN

Erster Schritt zur Besserung: Erkenne dich selbst. Das gelingt dir durch Reflexion, Selbstbeobachtung und einen selbstkritischen Umgang mit dir selbst. Beobachte dich eine Weile (mindestens zwei Wochen lang) selbst und notiere dir, in welchen Situationen du empfindlich reagierst. Welche Erfolge und Misserfolge du an jedem Tag hattest. Wann du dich beispielsweise gekränkt oder ungerecht behandelt fühlst und warum. *Warum reagiere ich so empfindlich auf die Kritik meines Chefs?* Nun frage dich, woher diese Empfindlichkeit kommt. Hat vielleicht dein Vater immer an dir immer rumgenörgelt? Mach dir klar, dass die Situation jetzt eine völlig andere ist. Hat dein Chef vielleicht recht? Nun versuche, aus der Kritik etwas Positives zu ziehen. Münze den Glaubenssatz „Ich bin nicht gut in meinem Job" um in etwas Positives wie „Mein Chef will mich optimieren." Nimm beispielsweise die Kritik als Ansporn, noch besser zu werden in deinem Job.

Wenn du dich eine Weile beobachtet hast, notiere deine negativen Glaubenssätze und forme sie um in positive. Das erfordert viel Zeit und Disziplin, aber es ist machbar.

Ein weiteres Beispiel: Moritz nimmt seinen Kollegen Lars jeden Morgen mit zur Arbeit und zurück. Sie fahren täglich 30 km. Moritz macht das gern, da er von seinen sehr christlichen Eltern gelernt hat, gut zu seinem Nächsten zu sein. Lars freut sich über das kostenlose Taxi. Als Moritz eine neue Freundin hat, ist er ganz erstaunt, als diese ihn fragt, ob er denn von Lars Benzingeld bekomme.

Moritz' Glaubenssatz „Sei gut zu deinem Nächsten" ist an sich nicht verkehrt, doch als seine Freundin ihn darauf aufmerksam macht, dass nicht nur das Benzin, sondern auch der Verschleiß am Auto Kosten verursachen, ändert Moritz seine Auffassung. Er ist es sich wert, von Lars Geld zu nehmen, und sieht ein, dass er ein Recht auf Bezahlung hat. Sein Glaubenssatz stand mit seinem Wunsch im Widerstreit. Nicht nur die Überzeugungen über uns selbst, sondern auch über die Welt stammen meistens von unseren Eltern. Wie oft hören wir als Kinder immer wieder Sätze wie „So etwas tut man nicht …“, „Was sollen denn die Leute denken?“, oder „Man muss seinem Partner treu sein.“ Die meisten dieser Glaubenssätze übernehmen wir kritiklos. Doch sie hindern uns, wir selbst zu werden, aus gewohnten Bahnen auszubrechen. Welche Phrasen verwendest du immer wieder und denkst dabei „Ich höre mich an wie meine Mutter/mein Vater“? Nun überlege dir: Ist das wirklich deine Meinung? Warum solltest du so denken/handeln? Hinterfrage dich. Du bist kein hilfloses Opfer deiner Überzeugungen. Niemand, außer dir, kann dich ändern.

Selbst, wenn du es nicht auf Anhieb schaffst, die über Jahre gespurten Bahnen im Hirn sofort umzuwandeln, kann es dir gelingen, die Glaubenssätze, wenn sie dir erst einmal bewusst sind, nicht zu denken.

Wenn du dich dabei ertappst, in alte Gedanken- und Verhaltensmuster zu verfallen, sage dir laut und deutlich: „Stopp!“ Mach dir klar, dass du einen alten Glaubenssatz denkst, nach einem alten Glaubenssatz handelst und münze ihn um. Denke/handle nach dem neuen Glaubenssatz, den du anstrebst. Frage dich auch, welchen Nutzen du aus den negativen Gedanken ziehst. Um beim Beispiel des kritischen Chefs zu bleiben: Ist es vielleicht so, dass du dich beleidigt in Selbstmitleid badest? Nimmst du sie als willkommenen Anlass, so weiterzumachen wie bisher, statt nach Lösungen zu suchen, dich zu verbessern? Scheust du dich davor, dich weiterzuentwickeln? Klar ist es bequemer, immer so weiterzumachen, wie bisher. Aber ist es wirklich besser? Macht es dich glücklich?

Fazit: Unsere Überzeugungen über uns und die Welt hindern uns am Weiterkommen. Hinterfrage dich ständig, ob Dinge möglich sind oder nicht! Du bestimmst, was du kannst und willst, nicht deine Glaubenssätze. Ganz ohne sie geht es nicht, jeder muss an irgendetwas glauben. Doch überprüfe, ob deine Überzeugungen dir oder anderen nützen. Und wenn ja, wie?

Die Powertipps, um negative Glaubenssätze aufzulösen, auf den Punkt gebracht:

1. Beobachte dich mindestens zwei Wochen selbst und höre dir zu! Welche Phrasen verwendest du oft?
2. Notiere Misserfolge und Erfolge! Was glaubst du, waren die Ursachen dafür?
3. Wann hast du negative Gedanken und warum? Welchen Nutzen ziehst du daraus?
4. Schreibe deine negativen Glaubenssätze auf und münze sie in positive um!
5. Denke und handle nach deinen neuen Glaubenssätzen!

6. Sei konsequent darin, du wirst dich daran gewöhnen!

Notiere jetzt 5 Glaubenssätze, von denen du bis jetzt deine Person betreffend – aus welchen Gründen auch immer – felsenfest überzeugt warst.

Ich habe bisher geglaubt, dass

_____

_____

_____

_____

_____

Nun formuliere 5 neue Glaubenssätze, nach denen du Leben und handeln willst.

_____

_____

_____

_____

_____

POSITIVE AFFIRMATIONEN

Du hast deine alten Glaubenssätze jetzt in positive umgewandelt. Wenn du ein wenig selbstbewusster, unsicherer Mensch bist und deinen Glaubenssätzen nicht wirklich auf die Spur kommst oder wenn du gar nicht recht weißt, was du glaubst und dir die vorhergehende Übung zu kompliziert ist, können dir auch positive Affirmationen helfen.

Positive Affirmationen sind Gedanken, die „ja" zu dir und dem Leben sagen. Sie sind äußerst hilfreich in Lebenskrisen oder Zeiten des Wandels und des persönlichen Wachstums. Sie wirken in deinem Gehirn, indem sie es umstrukturieren.

Beispiel: Julia denkt bei jeder neuen Aufgabe im Leben „Ich schaffe das nicht." Stell dir ein menschliches Gehirn wie ein Straßennetz vor. Diese vier Worte sind auf der Datenautobahn in Julias Gehirn wie Autos immer wieder lang gefahren und haben die Straße zwischen A und B gut gespurt. Was passiert nun, wenn Julia plötzlich denkt: „Ich kann das!"? Richtig, sie schafft eine neue Verbindung, eine neue Straße in ihrem Hirn. Natürlich muss diese Straße auch ein paar Mal befahren werden. Ein einmaliges Denken der Affirmation allein nützt nichts.

Affirmationen sind kurze positive Sätze, die Stärken und Qualitäten in dir hervorholen und verstärken sollen. Sie müssen von dir regelmäßig wiederholt werden, am besten 50-mal am Tag und das über mindestens drei Wochen. Erst dann werden sie langsam ins Unterbewusstsein aufgenommen und verändern deine Auffassung von dir, dein Gefühl und schließlich auch dein Handeln.

Wenn du Affirmationen verwenden willst, achte darauf, dass sie zu deinem Ziel passen. Sie müssen unbedingt immer positiv ohne negierende Worte wie *nicht* oder *keine* formuliert werden, denn unser Gehirn kennt keine Negation. Sage dir die Sätze auch so auf, als hättest du dein Ziel schon erreicht.

Wenn du zum Beispiel das Ziel hast, erfolgreich zu sein, dann sage dir ständig auf „Ich bin erfolgreich" nicht „Ich bin klug".

Unser Gehirn ist immer bestrebt, Lösungen zu finden. Wenn du dir deine positiven Affirmationen aufsagst, wirst du sie auch bald fühlen und dann sind sie nicht nur besonders wirksam, sondern werden Realität. Überlege dir gut, welche Ziele du hast!

Innere Blockaden lösen oder You can get it, if you really want and have a plan!

Wir alle haben oft ehrgeizige Ziele. Spätestens nach Weihnachten, zu Neujahr, nehmen wir uns vor, unser Leben in irgendeinem Bereich zu ändern. Wir wollen abnehmen, uns einen neuen Job suchen, netter zu unserem Partner sein. Auch während des laufenden Jahres befinden wir uns immer wieder in Situationen, in denen wir etwas erreichen wollen, aber es einfach nicht hinbekommen. Der innere Schweinehund hält uns davon ab. Man könnte auch sagen: Bequemlichkeit, Angst oder Zweifel bremsen uns aus auf dem Weg zur Selbstverwirklichung.

Mit negativen Überzeugungen über uns („Ich kann das sowieso nicht!") oder tausend Ausreden stehen wir uns selbst im Weg. Mit anderen Worten: Innere Blockaden gibt es nicht wirklich. Es ist die Angst, unsere Komfortzone zu verlassen, den Trott des Alltags einfach mal sein zu lassen, unsere Routine zu verändern. Dabei treffen wir diese Entscheidungen, nicht zu handeln, nicht immer bewusst. Unsere Glaubenssätze stehen uns mal wieder im Weg. Wir finden dann Möglichkeiten und Wege, Dinge nicht zu tun: Wir verschieben sie, fangen irgendetwas anderes an, um nicht ins Handeln zu kommen.

Die meisten Menschen gehen den Weg, den ihre Eltern ihnen vorgelebt oder vorgegeben haben, weil sie glauben, dass sie nichts Besseres können (dürfen). Sie übernehmen beispielsweise den elterlichen Betrieb, obwohl sie vielleicht lieber Tänzer geworden wären. Nur sehr starke Persönlichkeiten oder Menschen mit überwiegend positiven Glaubenssätzen über sich selbst und die Welt schaffen es, aus den vorgegebenen

Bahnen auszubrechen bzw. gar nicht erst hineinzugeraten. Über den eigenen Schatten zu springen und sich intensiv selbst zu reflektieren, bedeutet, eventuell unangenehmen Wahrheiten ins Gesicht zu schauen. Aber nur so kannst du etwas ändern und dein Leben in Bahnen lenken, die dich glücklich machen. Doch warum wird Veränderung denn immer negativ bewertet? Es ist die Unsicherheit über ein Gelingen des geplanten Vorhabens, die uns oft zurückschrecken lässt. Zweifel darüber, das Richtige zu tun. Negative Gedanken über einen Entschluss und seine Folgen enden meistens wieder in negativen Gedanken und werden somit zu einem Grund, nicht tätig zu werden.

Anna denkt zum Beispiel: „Wenn ich mich von Klaus trenne, bin ich allein. Ich habe weniger Geld. Unsere Freunde werden sich sicher auf seine Seite stellen. Ich müsste mir eine neue Wohnung suchen. Dafür habe ich nicht genug Geld. Dann brauche ich auch eine besser bezahlte Stelle. Aber dann verliere ich meine lieben Kollegen usw." (Woher weiß sie das so genau?)

Anna entscheidet mit ihrem Kopf, obwohl ihr Bauch ihr schon lange mitgeteilt hat, dass Klaus nicht der Richtige ist. Menschen wollen sich nicht verändern, weil sie sich meistens auf den Verlust, statt auf den Gewinn konzentrieren. Anna könnte zum Beispiel auch denken: „Wenn ich Klaus verlasse, muss ich mich nicht mehr mit seinen schlechten Angewohnheiten herumärgern. Ich hätte keinen Streit mehr. Ich wäre frei für andere, bessere Männer. Ich könnte endlich tun, was ich will. Ich müsste mich zwar wohnungsmäßig neu orientieren, aber na und?

Dann lebe ich eben nur in einer Zwei-Zimmer-Wohnung, aber ich wäre frei." Wie du siehst, ist es wie immer eine Frage der Bewertung der Umstände. Sicher kennst du auch den Spruch: Wer will, findet Wege.

Wer nicht will, findet Gründe! Innerlich blockiert sind wir, wenn unser Verstand etwas anderes sagt als der Bauch bzw. unser Ego mit unserer Moral im Widerstreit steht. Innere Blockaden können sich in körperlicher Unruhe, psychosomatischen Beschwerden, Essstörungen oder in Aufschiebe-Verhalten (Prokrastination) äußern. Wenn wir so leben, wie wir es eigentlich nicht wirklich wollen, können wir unzufrieden, depressiv oder suchtkrank werden. Überprüfe mal, wie oft du denkst: „Ich habe jetzt keine Lust" oder „Das mache ich später". Entscheidungen zu treffen, ist manchmal schwer, aber es erleichtert ungemein, denn nichts ist für den Verstand schwerer auszuhalten als Ungewissheit. Menschen, die Probleme damit haben, Entscheidungen zu treffen, können sich selbst auch professionelle Hilfe in Form von Coaching oder Psychotherapie holen. Wann immer du eine Entscheidung hinausschiebst, frage dich: Was kann im schlimmsten Fall passieren?

WIE KRIEGST DU, WAS DU WIRKLICH WILLST?

Dazu musst du als Erstes wissen, was du (verändern) willst. Höre tief in dich hinein und formuliere deine Wünsche, egal, wie groß oder klein sie sind. Forscher haben herausgefunden, dass die Formulierung konkreter und etwas höher gesteckter Ziele eher zum Erfolg führt, als unklar formulierte. Wenn du dich also zu dick fühlst und Gewicht reduzieren möchtest, solltest du konkret zu dir sagen oder aufschreiben: „Ich möchte bis zum ... 10 kg abnehmen" und nicht nur „Ich will dünner werden."

Je genauer du dein Ziel formulierst, desto höher sind deine Erfolgschancen. Ein weiterer Faktor, der dazu führt, dass wir uns weniger anstrengen, ist, eine Alternative zu haben. Angenommen, du möchtest mehr Geld verdienen, bist aber mit deinem Job grundsätzlich zufrieden. Wetten, dass du weit weniger häufig den Jobmarkt sondierst und Bewerbungen schreibst, als wenn dein Chef dir zum Jahresende den Job kündigt? Ein wenig Druck wirkt sich positiv auf unsere Anstrengungsbereitschaft und letztlich auch auf unsere Erfolgschancen aus.

DIE *WENN-DANN*-STRATEGIE

Doch ein Ziel allein zu haben, nützt dir nichts. Du solltest auch einen Plan haben, wie du es erreichst. Bleiben wir bei der Person, die abnehmen will. Sie hat in ihrer Ernährung jetzt weniger Kohlenhydrate auf dem Plan, aber immer wieder hat sie Heißhungerattacken auf etwas Süßes. Sie stellt sich einen *Wenn-dann-Plan* auf. D. h., immer, wenn sie solch eine Heißhungerattacke ereilt, trinkt sie ein Glas Wasser. Zusätzlich will sie mehr Sport treiben. Hier hilft dieser Person der folgende *Wenn-dann-Plan*: „Immer, wenn ich nach Hause komme, ziehe ich mir meine Sportsachen an und gehe walken". Diese Pläne zu schmieden, ist wichtig, denn einfach nur zu denken, dass man in drei Monaten schlank durch die Welt geht, mindert unsere Anstrengungsbereitschaft, da wir die Welt durch eine rosarote Zukunftsbrille sehen. Wenn du dein Ziel im Auge hast und einen Plan erstellt hast, wie du dahin kommen kannst, verliere die Stolpersteine nicht aus den Augen. Mach dir auch für mögliche Hindernisse auf deinem Weg einen Plan, wie du daran vorbeikommst.

<u>Fazit:</u> Wir alle haben irgendwelche inneren Blockaden, das heißt Glaubenssätze, die unserer Selbstverwirklichung im Weg stehen. Jeder Mensch hat einen oder mehrere Herzenswünsche, seien sie materieller oder emotionaler Art. Um das Mittelmaß zu verlassen

und uns selbst zu verwirklichen, müssen wir tief in uns hineinhorchen, was wir wirklich wollen. Wir müssen von unserem Ziel fest überzeugt sein, ebenso davon, es zu erreichen. Denn wenn wir wirklich etwas aus tiefstem Herzen wollen, werden bei dem Gedanken daran Energien frei, die unseren Geist und unsere Seele erfüllen, und uns alles daran setzen lassen, dieses Ziel zu erreichen.

Die Powertipps, um innere Blockaden zu lösen, auf den Punkt gebracht:

1. Höre tief in dich hinein und notiere dein Ziel/deinen Wunsch.

2. Stell dir vor, wie es wäre, wenn du dieses Ziel erreichst. Visualisiere deine Zukunft möglichst detailgenau! (Die Macht der Bilder ist nicht zu unterschätzen, auch wenn sie nur in deinem Kopf sind.) Wie wirst du aussehen, wie wirst du dich fühlen? Was ändert sich in deinem Leben?

3. Positive Affirmationen sind ebenfalls äußerst hilfreich, wenn du Zweifel bekommst. Sage dir immer wieder „Ich schaffe das".

4. Überlege dir, welche Hürden dir auf deinem Weg in die Quere kommen könnten, und erstelle dir eine Strategie, wie du sie umgehen oder bewältigen könntest.

ICH HABE KEINE AHNUNG, WAS ICH WILL!

Dann finde es heraus! Manche Menschen sind durch dominante oder vernachlässigende Eltern, falsche Glaubenssätze oder irgendwelche anderen Gründe in ein Leben geraten, das sie nicht wollten. Die meisten Menschen hören nicht mehr auf ihre innere Stimme, nehmen ihre Bedürfnisse nicht mehr wahr, weil sie durch Arbeit, Familie und medialen Dauerbeschuss gar keine Gelegenheit mehr dazu haben. Irgendwann kommt die große Krise, sie sind unzufrieden oder bemerken durch eine Person, die sie durch ihre innere Zufriedenheit oder ihren Esprit begeistert, dass irgendetwas in ihrem Leben nicht stimmt.

Dann fragen sie sich: Warum bin ich so unzufrieden? Geht es dir vielleicht auch so? Wie findest du heraus, was du wirklich willst, wenn in dir gerade eine riesengroße Leere herrscht? Hier hilft es, sich vorzustellen, dass das Leben begrenzt ist. Willst du zufrieden auf deinem Sterbebett liegen und sagen können „Ich bereue nichts?" oder willst du in der grauen Masse schwimmen und farblos einen dir scheinbar vorgegebenen Weg gehen?

Selbst wenn du absolut ratlos zu sein scheinst, ist es irgendwo in dir drin – dein wahres Ich! Setze dich nicht unter Druck. Akzeptiere das weiße Blatt in deinem Kopf. Irgendwann wirst du es mit Bildern füllen. Wie schaffst du das? Besorge dir zunächst ein Buch, das du in den kommenden Wochen füllen wirst!

1. Nimm dir jeden Tag Zeit, in dich hineinzuhören. Suche die Stille und die Meditation. Irgendwann werden die Ideen in deinem Verstand sprießen wie Löwenzahn auf der Wiese! Schreibe sie auf!

2. Finde heraus, wer dich in deinem Leben inspiriert hat! Alles, was dir in deinem Leben begegnet ist, hat etwas mit dir zu tun! Welche Vorbilder hattest du, was genau fandest du so großartig an ihnen? Schreib es auf! Verfahre genauso mit deinen Lieblingsfilmen und Büchern – was ist es, was dich daran begeistert? Welche Saite bringen diese Dinge in dir zum Klingen? Schreibe es auf!

3. ... und wieder einmal: Beobachte dich selbst! In welchen Momenten, bei welchen Aktivitäten empfindest du Freude? Hier findest du Hinweise, was du wirklich möchtest.

4. Finde heraus, welche negativen Überzeugungen du bis jetzt über dich hattest! Zum Beispiel „Ich bin völlig unsportlich!" (Vielleicht glaubst du das, weil alle dir das immer eingeredet haben?)

5. Welche Folgen hatte das für dich? „Ich habe nie Fußball gespielt, obwohl ich immer einen Mannschaftssport machen wollte!"

6. Ist das so? Welche anderen Überzeugungen haben dich in deiner Selbstentfaltung gehindert? Werde dir bewusst, dass das nicht die Realität ist! Formuliere nun neue Überzeugungen über dich!

7. Stell dir dich vor, wie du in 10 Jahren sein möchtest! Wo, wie und mit wem möchtest du leben? Male ein Bild von dir: Schreibe auf wie du dich siehst, und du wirst so werden!

Es kann eine Weile dauern, aber wenn du dich wirklich lange und intensiv beobachtest, kann es dir gelingen, ein neues Selbstkonzept von dir zu erstellen und dich selbst zu verwirklichen! Hilfreich dabei ist …

MEDITATION – DER WEG ZUR MITTE

Beim Wort Meditation haben viele den buddhistischen Mönch im Lotussitz vor sich, der die Augen geschlossen hat und die Ruhe selbst zu sein scheint. Was ist Meditation eigentlich? Der indische Yogi Paramahansa Yogananda drückte es so aus: „Beten heißt, mit Gott zu sprechen. Meditieren heißt, ihm zuzuhören."

Es ist eine spirituelle Praxis, die zum Ziel hat, den Geist zu beruhigen und zu mehr Bewusstheit zu gelangen. Je bewusster man ist, je mehr man über sich selbst erfährt, desto weniger kann einem Negatives etwas anhaben. Wie du oben gelesen hast, entsteht Negatives aus Unbewusstem. Unbewusste Glaubenssätze steuern unser Leben. Wir glauben, so zu sein, wie wir sind. Aber wir sind letztlich nur unser Ego, eine Aneinanderreihung von Erfahrungen und Erlebnissen, die unsere Gedanken prägen.

Die Meditation umfasst viele Techniken. Für Einsteiger reicht es, Folgendes zu wissen: Man lenkt seine Gedanken auf ein bestimmtes Objekt, um andere alltägliche Gedanken auszublenden. Man ist gedanklich nur im Hier und Jetzt. In buddhistischen und hinduistischen Lehren wird angestrebt, durch Meditation Erleuchtung zu erfahren bzw. dem Göttlichen zu begegnen. Viele andere Religionen praktizieren auch Meditation.

Jeder kann meditieren und sein Bewusstsein erweitern. Hierbei gibt es verschiedene Techniken. Passive Techniken: Hierbei ist man körperlich inaktiv und lenkt seine Gedanken auf ein bestimmtes Objekt oder Thema. Man kann zum Beispiel seine Aufmerksamkeit einzig und allein auf die Empfindung in den Händen oder den Fluss des Atems fokussieren. Eine weitere Möglichkeit ist das Betrachten eines Gegenstands wie einer Kerze oder fließendem Wasser. Andere wiederum sagen immer wieder einen Satz oder ein Wort im Geist auf. Bei der körperlich-aktiven Meditation sind Praktiken wie Gehen, Achtsamkeit (das aufmerksame

Betrachten oder Wahrnehmen eines Gegenstands/der Umwelt ohne Bewertung und Gedankenabschweifung) oder auch das laute Rezitieren eines Satzes/Mantras das Mittel, um sein Bewusstsein zu erweitern.

Meditation kann jeder erlernen. Das braucht Ausdauer, Geduld und Disziplin, da es länger dauert, bis man wirkungsvolle Effekte erzielt. Wichtig ist, zunächst einmal herauszufinden, welche Technik dir am angenehmsten und am wirkungsvollsten erscheint.

Suche dir einen Ort, an dem du dich wohlfühlst und ungestört bist. Schalte dein Handy aus. Um meditieren zu können, darf dich nichts ablenken – auch kein zu enger BH oder eine kneifende Hose. Also zieh dir etwas Bequemes an, setze dich möglichst aufrecht hin und stelle dir vor, dass du von einem Faden an deinem Kopf gerade gezogen wirst.

Nimm dir anfangs nicht zu viel vor. Übe regelmäßig und erst mal nur einige Minuten. Beobachte deine Fortschritte und dann kannst du die Übungen erweitern. Verliere nicht so schnell die Geduld und bewerte dich nicht. So, jetzt kommen ein paar kleine Übungstipps:

1. Mantra-Meditation

Ein Mantra ist nichts weiter als ein ständig wiederholter Satz oder Wort. Es ist dabei völlig unwichtig, welchen Inhalt dieser Satz hat. Natürlich sollte es aber nichts Negatives sein. Sehr lang sollte der Satz auch nicht sein. Du kannst einfache Worte wie „Ich bin" nehmen.

Besser noch du sagst *I am (Ei ähm)* oder *Ohmmm.* Das sagst du immer wieder auf. Wenn deine Gedanken abschweifen sollten, lenke sie immer wieder zurück. Setze dich an deinem Lieblingsplatz im Lotussitz oder im Schneidersitz aufrecht hin, lege deine Hände bequem auf deine Knie. Zähle erst einmal von 100 rückwärts. Dann atme 10-mal tief ein und aus.

Halte deinen Atem kurz an, dann atme richtig aus, sodass keine Luft mehr in den Lungen ist. Schließe deine Augen und formuliere dein Mantra immer wieder im Geist. Du kannst es auch laut vor dir hersagen, wenn du Probleme hast, deine Gedanken auf dieses bestimmte Mantra zu richten.

2. Atemmeditation zum Einschlafen
Viele Menschen haben Probleme beim Einschlafen, weil das nun mal die beste Zeit ist, um nachzudenken. Auch hier hilft es, sich auf etwas zu konzentrieren, um die Gedanken abzuschalten. Stell dir zunächst einmal einen wunderschönen Ort vor, an dem du dich befinden möchtest. In deinen Gedanken bist du jetzt dort. Das hilft dir, deine Gedanken loszulassen. Nun konzentriere dich auf deinen Atem. Zähle deine Atemzüge, wobei du auf jede ungerade Zahl einatmest, auf jeden

gerade ausatmest. Aber immer nur bis zur Zahl 10. Dann fängst du wieder von vorn an. Diese Methode ist äußerst effektiv.

3. Kerzenmeditation

Kerzen werden gern für Mediationen verwendet, da sie Wärme und angenehmes Licht ausstrahlen.

Stell dir eine Kerze in einem ruhigen Raum auf, in dem du dich wohlfühlst und ungestört sein kannst. Nimm eine bequeme Sitzhaltung ein. Du solltest zwei bis fünf Meter von der Kerze entfernt sein und sie sollte etwas unterhalb deiner Augenhöhe stehen. Atme jetzt mehrmals tief ein und aus. Spüre deinem Atem nach. Mach dies so lange, bis du merkst, dass sich dein Geist beruhigt hat. Nun schau auf diese entzündete Kerze und versuche, nicht zu blinzeln. Die Kerze ist die Quelle deiner Ruhe und deiner Kraft. Stell dir vor, wie die Wärme, Energie und Ruhe in dich hineinfließen. Spüre die Wärme und die Energie in dir.

Auch, wenn deine Augen anfangen zu brennen, versuche, nicht zu blinzeln. Tränen deine Augen? Sieh es als Reinigung an und versuche immer noch, den Blick auf die Kerze gerichtet zu lassen! Nach einer Minute schließe die Augen. Nimm wahr, was du nun siehst, egal, was es ist. Konzentriere dich darauf! Entspanne dich. Dann wiederhole den Vorgang. Schau wieder in die Kerze und konzentriere dich ganz auf ihre Flamme. Verbrenne deine Gedanken in der Flamme. Lasse sie ziehen und werde immer ruhiger. Schließe wieder deine Augen und stell dir die Wärme und Ruhe der Kerze in dir vor. Entspanne dich. Schau nun wieder auf die Kerze, als ob du durch sie hindurch schaust für eine Minute.

Dann schließe die Augen und bewege deine Augen auf die Stelle zwischen deinen Augenbrauen. Nimm wahr, was du siehst. Spüre, was du an diesem Punkt fühlst. Sei ganz bei dir selbst und dem Punkt zwischen deinen Augen. Wenn die Empfindung nachlässt, spüre wieder deinem Atem nach. Bleibe noch eine Weile ruhig sitzen. Irgendwann öffnest du wieder die Augen und bist entspannt.

Die Macht der Gedanken

Glaubenssätze sind also unbewusste Überzeugungen, die uns in gewisser Weise formen. Wir beurteilen Situationen, Menschen und uns nach ihnen, ohne es zu bemerken.

Denken hingegen ist ein bewusster, linearer und lösungsorientierter geistiger Prozess. Völlig normal, dass er fortwährend stattfindet. Wie sehr Gedanken uns im negativen wie im positiven Sinne beeinflussen können, ist besonders durch medizinisch-psychologische Studien bekannt geworden. Du hast sicher schon von Herzneurosen gehört. Hierbei hat der Betroffene die Überzeugung, eine Herzkrankheit zu haben. Er lauscht ständig in sich hinein und durch seine ängstliche Haltung bekommt er tatsächlich Symptome.

Weitere psychologische Phänomene, die hinreichend untersucht, aber wissenschaftlich nicht erklärbar sind, sind der Placebo- und der Nocebo-Effekt. Beim Placebo-Effekt (lat.: „ich werde gefallen") handelt es sich um die feste Überzeugung, dass eine Besserung der Symptomatik bei egal welcher Erkrankung eingetreten ist, obwohl der Patient nur ein Scheinmedikament/eine Schein-OP bekommen hat. Doch das Erstaunliche daran ist, dass die Besserung nicht nur subjektiv spürbar, sondern auch objektiv feststellbar ist. Weil die Patienten dachten bzw. sahen und fühlten, dass sie eine Behandlung bekommen haben, besserte sich ihr Gesundheitszustand.

Das negative und weitaus gefährlichere Gegenstück ist der Nocebo-Effekt (nocebo lat. „ich werde schaden"). Ein besonders gravierender Fall dieses Effekts wurde in den 1970er-Jahren in den USA bekannt. Der Amerikaner Sam Shoeman bekam von seinen Onkologen die Diagnose Leberkrebs im Endstadium mit der Prognose, nur noch wenige Monate zu leben zu haben. Wenige Wochen später starb der Mann. Bei der Obduktion seiner Leiche fanden die Pathologen jedoch einen kleineren Tumor als angenommen vor, der nicht gestreut hatte. Die Überlebenschancen Shoemans wären also deutlich besser gewesen, als ihm mitgeteilt wurde. Die Todesursache des US-Amerikaners blieb rätselhaft. Beim Nocebo-Effekt sorgt demnach ein äußerer Reiz, wie die Aussage eines Arztes, falsch interpretierte Symptome, eine per Internet selbst gestellte Diagnose beim Patienten für eine negative Erwartungshaltung hinsichtlich des Gesundheitszustands. Diese kann sich bis hin zu starken Ängsten steigern und messbare Symptome verursachen. Die Kausalkette Reiz – Gedanke – Gefühl – körperliche Gesundheit ist wissenschaftlich belegt.

DENKE ICH NOCH ODER GRÜBELE ICH SCHON?

Manche Menschen befinden sich durch bestimmte Lebenskrisen, falsche Glaubenssätze über sich oder auch psychische Erkrankungen wie Depressionen immer wieder in negativen Gedankenschleifen. Je länger man sich in einer gedrückten Stimmungslage befindet, desto schwieriger ist es, die negativen Gedanken abzustellen. Negative Gedanken gehören zum Leben. Ganz abstellen lassen sie sich nie. Aber es ist wichtig, sie zu begrenzen, sich ihnen nicht hinzugeben. Denn sie beeinflussen nicht nur unsere Stimmung, sondern lassen uns auch schlecht schlafen, führen zu Müdigkeit, die uns weniger leistungsfähig macht und uns wiederum schlechtere Laune beschert. Meist drückt unser Körper die Niedergeschlagenheit aus und unsere ganze verkrampfte Körperhaltung führt zu Verspannungen.

Die Zartbesaiteten unter euch kennen Grübeleien vielleicht eher als die mit „dickem Fell". Eine kleine Kränkung eines Kollegen, die Kritik des Chefs wird persönlich genommen und schon verbringst du eine Stunde oder mehr damit, darüber nachzugrübeln, warum dir das geschehen ist, du kommst vom Hundertstel ins Tausendstel beim „Denken" und weißt am Ende immer noch nicht den Grund. Das ist für manche Persönlichkeitstypen normal.

Frauen sowie ängstliche Menschen neigen eher dazu, ihre Gefühlslage zu analysieren und sich in den Strudel der Gedanken immer mehr hineinreißen zu lassen. Die negativen Gedanken sind nicht nur eine Folge der niedergeschlagenen Stimmung, sondern begünstigen sie auch. Grübler leiden häufiger unter psychischen Störungen sowie unter psychosomatischen Beschwerden als Nicht-Grübler.

Was genau ist Grübeln? Es ist das Festhalten an negativen Gedanken über sich selbst, über vergangene Niederlagen, traurige Ereignisse, Kränkungen. Typisch dabei ist, dass ein meist nichtiger Auslöser (Kritik des Chefs) die Gedanken von einer kleinen Ebene zu immer größer werdenden, die eigene Person betreffende abstrakte Themen lenkt.

Beispielsweise so: *Ich habe das Fax vergessen abzu-schicken. Warum bin ich immer so schusselig? Vorletzte Woche schon habe ich ... vergessen. Ich bin unzuverläs-sig. Woher kommt das? Das war schon immer so. Damals als ... usw. Werde ich je perfekt sein?*

Die Gedanken, die der Grübler denkt, haben am Ende meist nicht mehr viel mit dem auslösenden Ereignis zu tun und führen zu keinem Ergebnis. Der Grübler geht dabei selbstkritisch und abwertend mit sich um.

Grübeln ist also gekennzeichnet durch kreisende Gedanken um immer wieder dieselben Inhalte, die etwas mit vergangener oder aktueller Erfahrung zu tun haben, nicht konkret sind und zu keiner Lösung führen. Typische Themen von Grübeleien sind Beziehungen („Warum hat er mich verlassen?"), die eigene Gesundheit („Werde ich je wieder gesund werden?"), Negativerlebnisse („Warum wurde ich gekündigt?"), die Frage, ob eine Entscheidung richtig/falsch war („Hätte ich nicht doch mit ihr zusammen bleiben sollen?") oder um den eigenen Selbstwert („Ich bin viel zu fett.").

Nicht jeder Mensch ist in der Lage, Dinge einfach abzuhaken, sich zu sagen. „Es ist, wie es ist."

Gelegentliche Grübeleien über akute Belastungen sind völlig normal und nicht schädlich. Hierbei handelt es sich um problembezogenes intensives Denken, in denen der Betroffene sich Gedanken macht, welche

Konsequenzen eintreten werden, falls er in einer bestimmten Lebenslage scheitern sollte. („Was, wenn ich den Job nicht kriege?") Dieses Denken ist eher von einem Gefühl der Angst begleitet und lösungsorientiert.

Lange andauerndes und wiederholtes Grübeln hingegen ist krankhaft. Von Grübeln betroffene Menschen tun dies jedoch nicht willentlich. Sie selbst empfinden das Grübeln als quälend und einschränkend. Sie beschäftigen sich mit dem Warum eines vergangenen Ereignisses und suchen nach Sinn.

Beispiel: Frau Müller wurde unlängst von ihrem Mann betrogen. Sie ist der Meinung, sie hat ihm verziehen. Sie ist tief gekränkt und sucht die Schuld bei sich. Jeden Morgen sitzt sie am Frühstückstisch und schaut ihren Mann an. Immer, wenn er etwas zu ihr sagt, was sie etwas verletzt, fängt sie an zu überlegen, warum er sie betrogen hat. Sie kramt in ihrem Gedächtnis in ihrer Beziehungsgeschichte nach Begebenheiten, in denen sie und ihr Mann Streit hatten, analysiert jeden Schritt, den sie gemacht hat, jedes Wort, das sie und er gesagt haben. Sie betont gedanklich immer wieder die guten Seiten ihres Mannes, bereut ihre Fehler und kommt doch zu keinem Schluss, warum er es getan hat.

Frau Müller hat resigniert. Die kleinste von ihr negativ gewertete Bemerkung ihres Mannes löst sofort Grübeln bei ihr aus. Bemerkenswert ist auch, dass sie die Schuld bei sich sucht. Hätte sie lösungsorientiert und problembezogen nachgedacht, wäre ihr vielleicht eine Paartherapie eingefallen oder sie hätte ihren Mann verlassen.

Die Grenzen zwischen problembezogenem Nachdenken und Grübeln sind fließend. Wie im Beispiel führt das Grübeln bei den meisten Betroffenen zu einer traurigen, niedergeschlagenen Stimmung, Antriebsminderung und sozialem Rückzug. Es begünstigt Depressionen und belastet die Beziehungen der Betroffenen. Grübler können Gedanken nicht mehr gut filtern. Sie verharren bei ihrem Thema.

Mach den Test. Bist du ein Grübler?

1. Wann kommst du ins Grübeln? Welche Ereignisse lösen es aus?

2. Wie oft grübelst du?

3. Was denkst du? Immer das Gleiche?

4. Wie beeinflusst deine Art zu denken deine Konzentration und deine Leistungsfähigkeit?

5. Wie lange denkst du über bestimmte Dinge nach?

6. Wie willentlich denkst du über diese Dinge nach?

Jetzt benenne 3 Episoden in deinem Leben, wann warst
du

-glücklich?
_____

-traurig?
_____

-enttäuscht?
_____

Wenn dir zu allen drei Adjektiven eine konkrete
Situation eingefallen ist (z. B. beim Hochzeitswalzer
mit meiner Frau, als meine Oma gestorben ist ...), dann
neigst du eher nicht zum Grübeln. Grübler neigen
nämlich dazu, bestimmte Abschnitte ihres Lebens ver-
allgemeinernd zu bewerten. („Meine Pubertät war
furchtbar!")

ATT – ATTENTION TRAINING TECHNIQUE

Menschen, die zum Grübeln neigen, richten ihre ganze Aufmerksamkeit auf den Inhalt ihrer Grübeleien und nehmen ihre Außenwelt nicht mehr oder nur begrenzt wahr. Sie nehmen aber nicht nur ihre trüben Gedanken wahr, sondern auch die damit verbundene Stimmung. Deshalb ist es wichtig, wenn man ein Grübler ist, seine Aufmerksamkeit und Konzentration zu schulen.

Der Psychologe Adrian Wells hat dazu ein Aufmerksamkeitstraining entwickelt, das die Aufmerksamkeit schult.

Bei diesem Training wird den Teilnehmern eine Geräuschkulisse mit sechs bis neun unterschiedlichen Alltagsgeräuschen vorgespielt. Dann sollen sie ihre Aufmerksamkeit jeweils auf ein bestimmtes Geräusch richten: beispielsweise auf einen Föhn und das erst langsam, also 30 Sekunden lang, dann wird die Aufmerksamkeit auf eine brutzelnde Pfanne gerichtet ... usw. Die Teilnehmer sollen aus der Kulisse selektieren. Im zweiten Teil wird das Intervall kürzer und zum Schluss sollen die Teilnehmer so viele Geräusche wie möglich gleichzeitig wahrnehmen. So lernen sie, aus einer Vielzahl von akustischen Reizen einzelne herauszufiltern. Nach einer gewissen Trainingszeit gelingt es Grüblern häufiger, auch ihre Gedanken zu filtern. Die

Wirksamkeit dieser Methode bei depressiven Störungen ist nachgewiesen. Das Gute ist, du kannst sie zu Hause ganz einfach nachmachen, indem du in der Küche verschiedene Geräte einschaltest. Du kannst auch auf die Straße gehen und dort einzelne Geräusche filtern. Die Übung solltest du jeden Tag für ungefähr zwanzig Minuten durchführen.

<u>Übung:</u> Leg deine Lieblings-CD ein. Setze dich mit offenen Augen auf die Couch und höre sie möglichst mit Kopfhörern. Höre jetzt nacheinander immer eine Zeit lang (30 Sek.) auf nur ein Instrument. Tu das für ungefähr 5 Minuten. Wiederhole das im nächsten Song. Aber jetzt lenke deine Aufmerksamkeit, sobald du ein Instrument identifiziert und einzeln herausgehört hast, gleich auf das nächste. Dies machst du ebenfalls für 5 Minuten. Zum Schluss höre wieder alles im Zusammenspiel und versuche, nicht zu filtern. Höre mindestens 15 Minuten lang Musik. Wenn du das täglich wiederholst, kannst du deine Aufmerksamkeit effektiv schulen.

Wenn du diese Übung anwenden möchtest, solltest du dich nach jedem Training selbst einschätzen, um Fortschritte verfolgen zu können. Gib eine Einschätzung ab, wie sehr du mit deiner Aufmerksamkeit bei deinen Gedanken und Gefühlen warst bzw. bei der Übung. Wie konzentriert warst du?

GRÜBELEIEN ABSTELLEN ODER „SEI KEIN KREISENDER HELIKOPTER!"

Um Grübeln wirklich abstellen zu können, bedarf es einer Selbstanalyse:

Wenn du zum Grübeln neigst, finde zunächst erst mal heraus, wann du zum letzten Mal gegrübelt hast. Wo hast du dich zu diesem Zeitpunkt befunden? Untersuche wie ein Detektiv die genauen Umstände deines Grübelns und frage dich: Gab es einen Auslöser dafür? Wann? Wo? Warum? Mit wem? Was war davor? Bist du mit dir während des Grübelns selbstkritisch-destruktiv oder sachlich-analytisch umgegangen?

Wie hat sich das Grübeln auf deine Stimmung ausgewirkt und bist du zu einem Ergebnis gekommen? Welche Folgen hat das Grübeln gehabt? Hat es deinen Tagesablauf so weit beeinflusst, dass du geplante Unternehmungen abgesagt hast?

Wenn du damit fertig bist, frage dich ernsthaft, wie du selbst über dein Grübeln denkst: Bist du eher der Meinung, dass es deine Lebenszeit frisst, dich zu einem Außenseiter macht, dass du es nicht kontrollieren kannst? Oder hast du eher eine positive Meinung zu deinen Grübeleien wie: Grübeln hilft mir, mich zu verstehen. Grübeln hilft mir, Probleme zu lösen. Durch Grübeln gelingt es mir, meine Fehler zu analysieren und weitere zu vermeiden. Die Meinung, die du selbst über dein Grübeln hast, sogenannte Metakognitionen, beeinflusst es auch. Wenn du beispielsweise die Auffassung hast, durch das Grübeln intellektueller oder interessanter zu wirken, wirst du dich schwerer vom Grübeln lösen können. Frage dich in dem Fall, welche negativen Konsequenzen die Unterlassung des Grübelns hätte. Du musst also wissen, ob du eher Vorteile aus dem Grübeln ziehst oder es eher bedrohlich auf dich wirkt. Dann kannst du noch effektiver gegen das Grübeln vorgehen.

Notiere, ob und, wenn ja, wie oft dir Grübeln wirklich beim Problemlösen geholfen hat. Wann hat es das nicht getan? Erstelle eine Liste mit Grübel-Situationen, deren Auslösern, den Ergebnissen und deren dazugehörigen Metakognitionen.

„Wozu das Ganze?" fragst du dich. Nur, wenn du über dich und dein Grübeln Bescheid weißt, kannst du schneller bemerken, dass du grübelst und deinen Grübel-Prozess unterbrechen. Du kannst dein Grübel-Labyrinth entwirren. Die Umstände, die dein Grübeln anstoßen, wirst du nicht immer vermeiden können, aber du kannst, wenn du sie bemerkst, schneller Stopp zu dir sagen. Dir wird die Funktion deines Grübelns bewusster werden. Wer sich längere Zeit mit negativen Gedanken beschäftigt, schafft es meist nicht, diese ad hoc abzustellen. Was also kannst du tun?

NEGATIVE GEDANKEN LOSWERDEN

HALTE ABSTAND UND BEGRENZE DICH!

Du machst gerade eine schwierige Zeit durch oder neigst zu pessimistischen Gedanken und Grübeleien? Ein winziger Auslöser reicht aus, um dich stimmungsmäßig völlig aus der Bahn zu werfen und die Gedankenspirale in Gang zu setzen? Dann versuche einmal Folgendes:

Wenn du merkst, dass irgendein Vorfall dich wieder zum Grübeln veranlassen will (siehe Selbstanalyse): Schiebe ihn erst einmal weg. Nimm dir vor, später darüber nachzudenken. Denn meist ist es die emotionale Beteiligung, die uns Lappalien überbewerten lässt. Wenn du ein wenig Zeit zwischen dem Vorfall und dessen Bewertung lässt, wirst du feststellen, dass deine Sicht auf den Vorfall nicht mehr ganz so dramatisch ist. Räume dir jeden Tag etwas Zeit ein, um dich deinen negativen Gedanken hinzugeben.

Wenn es zum Beispiel die Arbeit oder Knatsch mit den Kollegen ist, geh erst mal nach Hause, widme dich deinen Hobbys und plane deine Freizeit, anstatt sofort den (Arbeits-)Tag auszuwerten. Schreibe dir vielleicht auf, worüber genau du nachdenken willst. Wenn du dann abends zur Ruhe kommst, nimm den Zettel zur Hand und dir fünf bis fünfzehn Minuten Zeit, um über die negativen Tagesereignisse nachzudenken. Stelle dir notfalls den Wecker, um die Zeit nicht zu überschreiten. Geh danach wieder deinen normalen Aktivitäten nach.

Denke dann vor dem Schlafen an die positiven Dinge, die dir widerfahren sind. Denn es ist wichtig, dass du mit positiven Gedanken einschläfst. Negative Gedanken vor dem Einschlafen stören nicht nur deine Nachtruhe, sondern pflanzen sich auch in deinem Gedächtnis fort und sind morgens beim Aufwachen sofort präsent. Ein weiterer schlechter Tag ist vorprogrammiert.

DIE DREI AS – STRATEGIEN, UM DEIN GRÜBELN ZU UNTERBRECHEN

Nachdem du dein Grübel-Verhalten nun hinreichend analysiert hast und weißt, in welchen Situationen du ins Grübeln verfällst, ist es an dir, eine für dich passende Strategie herauszufinden, die dein Grübeln unterbricht bzw. dich gar nicht erst hineingeraten lässt. Dazu hast du folgende Möglichkeiten:

1. Ablenkung
Ängstliche, depressive Menschen oder notorische Grübler sind meistens mit kreisenden Gedanken über

ihren Selbstwert beschäftigt. Für sie ist es wichtig, den Kreislauf aus *mieser Stimmung – negative Gedanken – miesere Stimmung* zu unterbrechen. Die einfachste und praktikabelste Methode hierfür ist Ablenkung, egal, in welcher Form. Nimm dir ein neues Buch, schau deine Lieblingsserie, hör einen interessanten Podcast, koch dir etwas, was du noch nie gegessen hast, schau dir im Internet Orte an, an die du vielleicht reisen willst. Egal, was es ist. Es sollte keine Routine für dich sein, da du sonst wieder leicht in deinen Gedanken verstrickt bist. Mach etwas, was deine Aufmerksamkeit wirklich fordert.

Durch die Ablenkung werden deine negativen Gedanken und Stimmungen sich nicht vermehren. Wenn du dich aktiv beschäftigst, merkt dein Gehirn irgendwann, dass produktive Problemlösungsstrategien effektiver sind als fruchtlose Grübeleien. Nach einer Weile solltest du dir neue Ablenkungsmanöver ausdenken, denn dein Gehirn braucht immer wieder neue Herausforderungen.

<u>Aber Vorsicht:</u> Wenn du bemerkst, dass sich durch ständige Ablenkung deine Probleme eher verschärfen, dann solltest du eher nach Lösungen suchen. Beispielsweise, wenn dein Chef immer wieder an dir herumnörgelt und du dich jeden Abend mit Fernsehen ablenkst, dann ist das vielleicht gut, um dein Gemüt abzukühlen.

Irgendwann solltest du eher das Gespräch mit ihm suchen, anstatt immer wieder Reißaus zu nehmen. Ablenkung soll also nicht Vermeidungsstrategie zur Problemlösung sein, sondern wirklich nur dann helfen, wenn du über ein und dasselbe vergangene, im Prinzip abgeschlossene Thema immer wieder nachdenkst.

2. Aktivität

Noch besser als jede andere Ablenkung ist sportliche Aktivität. Auch hier gilt wieder, dass es nichts Monotones sein sollte, wo genug Raum und Zeit zum Denken bleibt. Such dir lieber einen Sport, am besten noch in einer Gruppe, der deine Aufmerksamkeit bindet. Geeignet wären Sportarten, in denen es auf Koordination und Reaktion ankommt, so wie Squash, Badminton, Volleyball. Ausdauersportarten sind weniger geeignet.

Aber auch kreative und produktive Hobbys, die Konzentration erfordern, sind sehr geeignet, um nicht nur dich von deinen Gedanken abzulenken. Sie fördern auch dein positives Selbstkonzept, indem du in der Gemeinschaft Kontakte und Anerkennung erlebst und Selbstwirksamkeit durch Erfolgserlebnisse erfährst. Sichtbare Ergebnisse deiner Aktivität wirken sich positiv auf deinen Gemütszustand aus. Oder freust du dich nicht, wenn du gerade ein Spiel gewonnen, ein Beet angelegt oder ein Bild gemalt hast?

3. Achtsamkeit

Dieser Begriff ist dir mit Sicherheit schon einmal über den Weg gelaufen. Was genau ist Achtsamkeit? Hierbei richtest du deine Aufmerksamkeit mit all deinen Sinnen, voller Konzentration und ohne Wertung ganz auf eine bestimmte Situation oder einen Gegenstand. Das Gute an dieser Technik ist, dass sie sich nahezu überall einsetzen lässt. Wann und wo immer du drohst, in Grübeleien abzudriften, suche dir einen Gegenstand oder auch eine Person und nimm sie mit all deinen Sinnen wahr. Zum Beispiel eine Orange: Nimm sie in die Hand, schaue sie dir genau an, befühle sie ausgiebig, rieche an ihr und schmecke sie, richte deine ganze Aufmerksamkeit wirklich nur auf deine Sinneseindrücke und versuche, sie nicht zu bewerten. Denke also zum Beispiel nicht: *Boah, ist die sauer ...* bleib nur bei dem Geschmack! Ist etwas schwierig, aber durchaus zu erlernen.

Du kannst auch einen Spaziergang machen und alles, was du siehst, intensiv betrachten und untersuchen.

Die Achtsamkeit ist eine äußerst effektive Methode und wird in der Psychotherapie besonders bei depressiven Störungen eingesetzt. Ziel ist es auch hier, negative Gedankenströme zu unterbrechen und positive Sinneseindrücke zu schaffen.

Achtsamkeitsübung am Morgen

Wenn du aufwachst, schwinge nicht gleich die Beine aus dem Bett. Bleib liegen und nutze die kostbare Zeit, in der du noch nicht vollständig erwacht bist. Erfühle die Stellen deines Körpers, die die Matratze berühren. Spüre die Decke und das Kissen. Spüre die Wärme deiner „Schlafhöhle". Lausche hinaus auf die Geräusche der Straße, den Gesang der Vögel.

Nimm deinen Atem und den deines Partners wahr. Schau dich genau in deinem Zimmer um. Betrachte das Gesicht deines Partners aufmerksam. Nimm alle Gerüche aufmerksam wahr. Befühle mit der Zunge deine Zähne. Schmecke deinen eigenen Geschmack. Nimm die Decke in die Hand. Befühle jede Struktur achtsam. Rieche an deiner Bettwäsche. Kurz gesagt: Nimm dich und deine Umgebung aufmerksam war. Lass deine Gedanken deine Gedanken sein. Das heißt, versuche, nicht zu denken. Sei im Augenblick und lass deine Sinne für dich arbeiten. Bewerte nichts, was du wahrnimmst.

Das Wesentliche zum Grübeln zusammengefasst

Grübeln ist ein scheinbar unkontrollierbarer, nicht steuerbarer, komplizierter Denkprozess, der in seltenen Fällen zu Ergebnissen führt. Durch das Verharren bei negativ besetzten Themen wirkt er auf die Stimmung und beeinflusst das Sozialverhalten, da sich

Grübler zurückziehen. Auch Partnerschaften werden negativ beeinflusst. Um Grübeleien abstellen zu können, muss man seinen Grübel-Vorgang analysieren. Wichtige Strategien, um Grübeln abstellen zu können, sind Begrenzung der Grübel-Zeit, Ablenkung oder Achtsamkeitstraining.

Negative Gedanken sollten aber nicht komplett unterdrückt werden, da sie sonst umso geballter irgendwann wieder auftreten. Sie wirken dann im Unterbewusstsein und beeinflussen unsere Träume oder führen zu innerer Unruhe.

Übung: Denke 10 Minuten nicht an eine schwarze Katze!

Und? Geschafft? Du wirst feststellen, dass du trotz möglicher Unterbrechung deiner Gedanken durch irgendeine Form von Ablenkung immer wieder an die schwarze Katze gedacht hast. Aber bestimmt nicht so intensiv, wie ohne Ablenkung!

SCHREIB DICH FREI!

Viele Menschen haben irgendwann einmal in ihrem Leben Tagebuch geführt. Meist in der Pubertät, wenn alles schwierig ist und man sich selbst findet. Schreiben ist ein Prozess, bei dem man seine Gedanken und Gefühle sicht- und greifbar machen kann.

Therapeutisches Schreiben ist heutzutage in der Psychotherapie eine weitverbreitete Methode, um Krisen zu bewältigen. Egal, welchen Namen man dem Schreiben gibt, es hilft dir, dich mit dir und deinen Problemen auseinanderzusetzen. Wenn du mit diesem Begriff Probleme hast, nenn es einfach Journaling. Hier steckt der Begriff *jour*, also Tag, drin und genau das ist das Ziel beim Schreiben, es täglich zu tun. Wenn du dich für diese Methode entscheidest, dann bitte mit Stil. Nimm nicht lose Blätter und einen Bleistift, sondern besorge dir eine schöne Kladde und einen dokumentenechten Stift.

Räume dem Schreiben eine feste Tageszeit ein, suche dir ein ruhiges und gemütliches Plätzchen, an dem du deinen Tag Revue passieren lässt und ihn aufschreibst. Und zwar nicht nur, was du wann, wo und wie gemacht hast, sondern auch, was du dabei empfunden hast. Wenn du Probleme mit einem bestimmten Menschen hast, kannst du ihm auch direkt einen Brief in dein Tagebuch schreiben. Lass deinen Gedanken und Gefühlen freien Lauf und deine Sorgen los. Du wirst erstaunt sein, wie du in Fluss kommst und sich dir bestimmte Dinge erschließen und dir klarer werden. Verdränge deine schlechten Gefühle und Gedanken nicht, schreib sie auf! Das wird dir helfen, die negativen Gedanken loslassen zu können bzw. sie annehmen zu können. Es spielt keine Rolle, wie lange und wie viel du schreibst, aber du solltest es regelmäßig tun und den Personen, die dich verletzt haben, verzeihen können.

Wem das zu aufwendig ist und wer das Schreiben trotzdem als geeignete Methode zur Gefühlsbewältigung sieht, kann alle seine schlechten Gedanken am Ende des Tages auf ein Blatt schreiben und das Blatt am Schluss symbolisch vernichten.

Diejenigen unter euch, die wenig Zeit haben, können auch die Minivariante anwenden und alle drei Tage in einer Tabelle beispielsweise links die negativen und rechts die positiven Dinge notieren. Fokus sollte auf den positiven Dingen liegen. Ritualisiere den Schreibvorgang! Bleib dabei, bis du dich nach etwa drei Wochen daran gewöhnt hast.

Die Powertipps, um Grübeln zu unterbrechen, auf den Punkt gebracht:

1. Mache eine Grübel-Analyse und identifiziere die Auslöser!

2. Schiebe das Grübeln auf!

3. Begrenze das Grübeln auf einen bestimmten Zeitraum und auf ein Thema!

4. Wende die 3 As an!

5. Schreibe dich frei.

Stress – oder muss das wirklich sein?

Jeder von uns fühlt sich mal gestresst. Was genau versteht man unter Stress? Eine erhöhte körperliche oder seelische Anspannung, die unter Umständen zu körperlichen Symptomen führen kann. Wir fühlen uns gestresst, wenn wir glauben, einer Aufgabe nicht gewachsen zu sein, wenn wir Probleme auf Arbeit, mit der Familie oder mit der eigenen Gesundheit haben oder wenn wir so viele Aufgaben am Tag erledigen müssen, dass keine Zeit für uns und unsere Entspannung bleibt. Jeder von uns ist unterschiedlich belastbar. Manche Menschen werden umso leistungsfähiger, je mehr Druck oder Stress sie haben, andere hingegen brechen schon bei leicht veränderten Abläufen im Arbeitsleben in Hektik aus.

Psychologen unterscheiden heute zwei Arten von Stress:

1. Disstress ist negativer Stress. Er entsteht, wenn wir die Belastung als Herausforderung ansehen, die uns unter Druck setzt, wir uns überfordert und nicht leistungsfähig genug fühlen. Mit anderen Worten: Wir fühlen uns mit der Aufgabe nicht wohl, eben gestresst.

2. Eustress ist positiver Stress. Unsere Kompetenz und die an uns gestellte Anforderung stimmen miteinander überein. Diese Art von Stress empfinden wir als positiv und er macht uns leistungsfähiger.

Wie Menschen mit Stress umgehen, hängt von ihrer Resilienz, d. h. ihrer Widerstandsfähigkeit ab. Stressresistente Menschen sind dabei in der Lage, sich auf ihre Fähigkeiten zu verlassen. Sie sehen in stressigen Situationen die zeitliche Begrenzung und schaffen es, sich von der Stresssituation zu distanzieren. Während Menschen, die schnell unter Stress geraten, dazu nicht oder nur begrenzt in der Lage sind. Hier kommen wieder die negativen Glaubenssätze und Gedanken ins Spiel. Stress, der als negativ empfunden wird, hat oft auch gesundheitliche Folgen, da er von uns als Bedrohung empfunden wird. Unser Sympathikus, der als Teil des vegetativen Nervensystems für Fluchtreaktionen zuständig ist, funktioniert hier genauso wie in der Steinzeit, wenn ein Bär hinter uns her war. Blutdruck, Puls- und Atemfrequenz sowie der Tonus der Muskulatur steigen und machen unseren Körper bereit für Kampf oder Flucht. Die Nebennieren schütten das Stresshormon Cortisol aus. Wir sind dann fokussiert auf den Stressoren. Heute fühlen wir uns durch eine Vielzahl von Faktoren gestresst: Neben Beruf und Familie sind es vor allem die ständige Verfügbarkeit und Termindruck sowie Pendeln, die wir als am belastendsten empfinden. Stress kann zu Herzerkrankungen, Magengeschwüren, Depressionen und Angststörungen führen. Ebenso zu Suchterkrankungen wie Alkoholismus oder Missbrauch von Beruhigungsmitteln.

Deshalb ist es wichtig, mit Stress umgehen zu können. Am wichtigsten ist dabei die Work-Life-Balance, d. h. ein ausgewogenes Verhältnis zwischen Arbeit und Freizeit. Auch eine digitale Diät, d. h. der bewusste Verzicht auf Handy, PC und vielleicht auch TV, wirkt Stress-reduzierend. Natürlich nur, wenn man in dieser Zeit etwas für seine Entspannung tut, denn auch die ständige Versorgung mit Negativschlagzeilen sorgt bei uns für Stress. Wer ständig unter Strom steht, tut seinem Körper langfristig nichts Gutes, da die ausgeschütteten Stresshormone das Immunsystem schwächen und so Entzündungen in verschiedenen Geweben entstehen können.

WIE DU STRESS MINIMIEREN UND BESSER DAMIT UMGEHEN KANNST

Viele Menschen setzen sich selbst zusätzlich unter Druck, bürden sich neben den unvermeidbaren Pflichten selbst noch Dinge auf, die nicht unbedingt sein müssen. Zählst du auch zu den Menschen, die vor dem Besuch der Schwiegereltern die Wohnung auf Hochglanz polieren? Musst du vor dem Zubettgehen noch komplett alles wegräumen? Musst du vor deinem Urlaub noch unbedingt die Küche renovieren?

Um Stress zu reduzieren, solltest du überprüfen, ob alles, was du dir so am Tage vornimmst, wirklich sein muss. Wenn ja, frage dich, ob du dir Hilfe holen kannst und welche Konsequenzen es hätte, wenn du diese Dinge NICHT sofort erledigst. Solltest du zu dem Schluss kommen, dass Dinge unaufschiebbar sind, sorge trotzdem für einen Freiraum für dich. Mache Pausen. Geh in deiner Mittagspause an die frische Luft. Laufe mal nach Hause, statt Bus oder Bahn zu nehmen. Zeit für dich ist wichtig. Und wenn du „nur" bei einem duftenden Schaumbade eine halbe Stunde lang ungestört in der Wanne liegst oder abends deine Lieblings-CD hörst.

Du hast kleine Kinder und kaum Zeit für dich? Gibt es nicht jemanden, dem du sie ab und an anvertrauen kannst? Du bist keine schlechte Mutter/kein schlechter Vater, nur weil du mal Zeit für dich brauchst. Setze deine Maßstäbe ein bisschen herab. Nur, wenn es dir gut geht, geht es deiner Familie auch gut!

Genauso ist es mit Prüfungssituationen: Wenn du zu denen gehörst, die superehrgeizig sind und sich durch zu hohe Ansprüche an sich selbst unter Druck setzen, stell dir vor, was passiert, wenn du statt einer Eins eine Vier in der Prüfung hast. Du wirst vielleicht etwas unglücklich sein, aber ein halbes Jahr später wahrscheinlich nicht mehr daran denken. Nimm also zu der Situation etwas Abstand. Nach den Noten deines Abiturs fragt auch kein Mensch mehr.

Wie wir mit Stress umgehen, hängt von mehreren Dingen ab: Unsere Veranlagung und unsere Erfahrungen in der Kindheit (da sind wieder die Glaubenssätze!) spielen genauso eine Rolle, wie externe Faktoren – die Familie und Freunde, die einem unter die Arme greifen könnten, sowie die finanzielle Situation. Wie in allen Situationen ist es wichtig, dich auf deine Ressourcen zu konzentrieren, statt auf deine Defizite, um Stresssituationen durchzustehen. Wenn dir in Prüfungssituationen das Herz schneller schlägt und der Schweiß ausbricht, lass dich davon nicht beunruhigen. Dein Körper sorgt für bessere Durchblutung. Er macht dich bereit. Atme einige Male tief durch, besinne dich auf dein

Können und leg los. Die Konzentration auf deine Ressourcen und Erfolge wird langfristig zu der Überzeugung führen, dass du auch schwierige Situationen meistern kannst. Diese Technik nennt sich „positive appraisal style". Psychologen gehen davon aus, dass der positive Bewertungsstil von Stress der zentrale Faktor ist, Stresssituationen gut hinzubekommen. Dazu sollst du dich jeden Abend an deine gut gemeisterten Stresssituationen erinnern. Du kannst mit deinem Handy ein Foto machen, beispielsweise, wenn dir eine Präsentation gut gelungen ist. Im Internet kannst du sogar Apps dafür herunterladen. Oder schreib dir auf, was dir an diesem Tag besonders gut gelungen ist.

In unserer multimedialen schnellen Welt können viele Menschen die Vielzahl von Reizen nicht mehr gut filtern – auch als Folge einer Überlastung. Deswegen sind tägliche Ruhephasen so wichtig, um Abstand zu gewinnen und nicht unter Dauerbeschuss zu stehen.

Psychologen gehen auch davon aus, dass die Vermeidung von Situationen mit höheren Anforderungen Stress längerfristig verstärkt. Vermeider trauen sich aufgrund fehlender Erfolgserlebnisse weniger zu und empfinden Herausforderungen zunehmend als Bedrohung. Wer Stress als bedrohlich wahrnimmt, reagiert häufiger mit Angst oder psychosomatischen Beschwerden wie Magen- oder Rückenschmerzen sowie Schlafstörungen.

Diese wiederum wirken sich verstärkend auf den Stress aus. Schnell befinden sich solche Menschen in einer Stress-Spirale. Versuche also, dich herausfordernden Situationen zu stellen, statt sie zu vermeiden.

Die Powertipps, um mit Stress besser umgehen zu können, auf den Punkt gebracht:

1. Nimm dir jeden Abend Zeit, um zu notieren, welche Stresssituationen du gut gemeistert hast. Lass deinen Tag Revue passieren und konzentriere dich auf deine Erfolge. Das gibt dir Kraft und Zuversicht. Deine innere Einstellung wird sich verändern. Je länger du diese Methode anwendest, desto erfolgreicher wirst du sein.

2. Werte eventuell auftretende körperliche Symptome nicht negativ. Wenn du kannst, versuche, sie zu ignorieren. Wenn nicht, denke: Mein Herz schlägt jetzt schneller für mich, damit ich besser denken kann. Der Effekt, den die positive Bewertung der Stressantwort deines Körpers hat, wurde von Psychologen in Kanada untersucht. Demnach wirkt eine leichte Erregung in Prüfungssituationen eher leistungssteigernd. Dies funktioniert aber nur, wenn die Belastung nicht zu groß ist. In diesem Fall helfen Atemübungen und positive Affirmationen wie „Ich schaffe das!"

3. Gönne dir regelmäßige Pausen! Selbst wenn du auf Arbeit bist – hast du die Möglichkeit kurz an die frische

Luft zu gehen? Pausen sollen effektiv sein, nicht nur dazu da sein, schnell was in sich hineinzustopfen. Schalte bewusst ab. Auch wenn du neben der Arbeit noch andere Verpflichtungen hast: Nimm dir Zeit für dich selbst, lass dein Handy ausgeschaltet. Effektive Entspannungsübungen sind Sport, Achtsamkeits- oder Muskelentspannungsübungen. Ein Spaziergang tut es auch.

4. Frage dich bei besonderen Belastungen, wie z. B. Prüfungen, ob es langfristig negative Folgen für dich hat, wenn du es nicht schaffst/es dir nicht so gut gelingt. Was passiert, wenn du z. B. durch die Fahrprüfung rauschst? Nichts! Du wirst etwas frustriert sein, kannst sie aber wiederholen.

5. Versuche, dich herausfordernden Situationen bewusst zu stellen. Du lernst dich besser kennen und findest Strategien, mit solchen Situationen umzugehen.

6. Wenn gar nichts mehr geht: Such dir Unterstützung. Freunde, die dir unter die Arme greifen!

YOGA

Yoga ist eine alte hinduistisch-buddhistische Lehre, die darauf abzielt, Körper, Geist und Seele in Einklang zu bringen. Sie hat mehrere Säulen, die aber in der westlichen Form des Yogas kaum noch unterrichtet werden. Durch bestimmte körperliche Übungen soll der

Energiefluss im Körper angeregt und in Balance gebracht werden. Die Sinne werden dabei zurückgezogen und der Geist fokussiert sich auf die Bewegung und die Atmung. Diese werden aufeinander abgestimmt. So hat es einen meditativen Effekt. Yoga ist in den europäischen Ländern sehr beliebt, da man hier Entspannung und Bewegung in einem hat. Es gibt verschiedene Formen von Yoga, die auch unterschiedliche Ziele haben. Entweder mehr Entspannung oder mehr Bewegung. Egal, wofür du dich entscheidest, der Effekt ist derselbe. Der Sonnengruß ist eine Yoga-Einstiegsübung und für Anfänger sehr gut geeignet.

Der Sonnengruß
1. Stelle dich aufrecht hin, Füße hüftbreit auseinander, kippe dein Becken leicht nach vorn, sodass du nicht im Hohlkreuz stehst. Nimm deine Schultern tief und zurück. Dein Körper sollte Spannung aufweisen, aber nicht verkrampft sein. Die Arme sind neben deinem Oberkörper und die Handflächen zeigen nach vorn.
2. Nun hebe deine Arme seitwärts nach oben und führe die Hände wie in Gebetshaltung zum Himmel und richte deinen Blick gen Himmel. Dabei atmest du ein.
3. Beuge dich nun nach vorn, als ob du etwas aufheben willst, und lege deine Hände neben den Füßen auf den Boden. Dabei atmest du aus.

4. Nun mach mit deinem Spielbein (das, auf dem du nicht so sicher stehst) einen Ausfallschritt nach hinten. Das vordere Knie beugst du im 90-Grad-Winkel und schaust nach vorn. Einatmen!

5. Nun strecke auch das andere Bein nach hinten. Dein Körper sollte wie ein Brett sein, die Hände unter den Schultern. Du bist nun im Liegestütz.

6. Jetzt atme aus und lege deinen Körper langsam, aber mit Spannung ab. Die Ellenbogen zeigen nach unten Richtung Hüfte, nicht zur Seite. Fange mit den Knien an, dann Hüfte, Brust und Stirn.

7. Jetzt hebst du einatmend den Kopf, Schultern und Oberkörper hoch und strecke die Arme durch. Diese Position heißt Kobra.

8. Nun stelle ausatmend deine Füße wieder auf den Boden und recke deinen Po gen Himmel. Der Kopf ist zwischen den Schultern.

9. Mache einen Ausfallschritt nach vorn, sodass ein Fuß zwischen deinen Händen steht. Richte deinen Oberkörper und Kopf auf.

10. Hole deinen anderen Fuß nach vorn und gehe wieder in die Vorbeuge. Richte dich auf.

11. Atme ein und fange wieder bei 1. an.

Wiederhole das fünfmal. Am besten morgens, bevor du in den Tag startest. Das hat den Vorteil, dass du noch entspannt vom Schlaf bist, aber auch noch nicht in deinem morgendlichen Trott. Wem die Beschreibung zu kompliziert ist, der kann sich im Internet auch Videos anschauen. Eine weitere Möglichkeit ist der Besuch eines Kurses. Yoga zahlt sich aus, wenn es regelmäßig betrieben wird. Dein Körper wird geschmeidiger, du wirst gelassener. Diese Übung allein reicht nicht aus, um ein Yogameister zu werden. Sie soll dir einen Eindruck verschaffen, ob das was für dich ist.

Besiege deinen inneren Schweinehund *oder* wie du Gewohnheiten änderst

Der Blick auf den Wecker, die Art wie wir aufstehen, unser morgendlicher Ablauf – das alles sind keine geplanten Handlungen, sondern automatisierte Abfolgen von Tätigkeiten, auf die wir keine geistige Energie mehr verschwenden.

Forscher haben herausgefunden, dass 40 Prozent unserer täglichen Handlungen Gewohnheiten sind, die per Autopiloten gesteuert werden.

Als Kind sind solche täglich gleichen Handlungen und routinierten Abfolgen wichtig für unser Wohlbefinden, da sie uns in dieser aufregend neuen Welt Sicherheit vermitteln.

Auch als Erwachsene fühlen wir uns meist wohler, wenn wir einen geregelten Ablauf haben. Wie sehr aber unsere Gewohnheiten unser Leben beeinflussen, darüber sind wir uns meist nicht bewusst.

Warum entstehen Gewohnheiten? Die Antwort darauf ist einfach – sie entlasten uns. Wir müssen nicht nachdenken und Entscheidungen treffen, unser Gehirn arbeitet dann höchst ökonomisch, aber nicht unbedingt zu unserem Vorteil, wenn wir Gewohnheiten mal unter die Lupe nehmen.

Nehmen wir einmal Kurt. Kurt steht jeden Morgen auf, schaltet die Kaffeemaschine ein, duscht sich, trinkt seine zwei Tassen Kaffee und isst sein Marmeladenbrötchen. Zur Arbeit fährt er die fünf Kilometer mit dem Auto. Nach der Arbeit werkelt er in seiner Werkstatt, kapselt sich ab. Abends geht er zu seiner Mutter, die für ihn kocht, essen. Er schaut regelmäßig bis 22.00 Uhr fern, trinkt gepflegt seine zwei Bierchen und raucht 2 bis 3 Zigaretten. Du kannst dir vorstellen, dass Kurt nicht gerade gesund und auch nicht wahnsinnig glücklich ist. Aber seine Gewohnheiten haben ihn fest im Griff. Warum? Gewohnheiten entstehen nach einem bestimmten Muster: Es muss einen Reiz geben, der die gewohnheitsmäßige Handlung auslöst (bei Kurt ist das der Hunger nach seiner Werkstattarbeit), es muss eine Routine vorhanden sein (der kurze Spaziergang zu seiner Mutter) und eine Belohnung (die Zufriedenheit nach dem Essen). Essen aktiviert schließlich unser Belohnungssystem im Gehirn.

Eines Tages geht Kurt zu einer Routineuntersuchung zu seinem Hausarzt. Der stellt erhöhte Cholesterinwerte, Übergewicht und zu hohen Blutdruck fest. Er klärt Kurt auf, dass er Gefahr läuft, einen Schlaganfall zu bekommen, wenn er seine Gewohnheiten nicht ändert.

Kurt fängt daraufhin an, seine Ernährung umzustellen. Er trinkt weniger Kaffee, isst mehr Obst und Gemüse und ersetzt das abendliche Bier durch Wasser. Kurt bemerkt, dass er sich besser fühlt. Er will mehr davon und schließt sich einer Nordic-Walking-Gruppe an. Hier lernt er Rosa kennen. Er legt sich jetzt richtig ins Zeug und geht täglich nach der Arbeit walken. Mit Rosa verabredet er sich dreimal die Woche. Irgendwann ziehen sie zusammen. Kurt will Rosa etwas bieten und wechselt seinen Job. Auch zu Mutti geht er abends nur noch einmal die Woche. Das Rauchen lässt er gänzlich sein. Kurt ist ein neuer Mensch geworden.

An diesem Beispiel kannst du sehen, wie die Änderung einer Gewohnheit (die Ernährung), die Änderung weiterer Gewohnheiten nach sich ziehen kann.

WIE FUNKTIONIEREN GEWOHNHEITEN?

Du hast gerade gelesen, dass Gewohnheiten uns Entscheidungen abnehmen. Um deine Gewohnheiten zu ändern, finde zunächst heraus, was der Auslösereiz für deine Gewohnheiten ist, um die Routine zu durchbrechen.

Das können Faktoren wie die Uhrzeit („Immer um 20.00 Uhr trinke ich mein Bier!"), die Gesellschaft bestimmter Menschen („Immer, wenn ich mit meinen Freunden in der Kneipe bin, rauche ich!"), die Umgebung („Immer, wenn ich durch die Stadt bummele, esse ich ein Stück Sahnetorte im Café X!") oder Gefühlszustände nach bestimmten Handlungen („Immer, wenn ich mich mit X gestritten habe, esse ich tonnenweise Süßes!") sein. Du musst dann eine neue Gewohnheit etablieren. Wenn du zum Beispiel immer, wenn du Ärger mit deiner Freundin hast, zu viel Schokolade isst oder zu viel Alkohol konsumierst, musst du zunächst für dich erkennen, dass der Streit bzw. der emotionale Zustand, in dem du dich danach befindest, die Ursache für dein Verhalten ist. Nun finde eine Alternative. Was willst du stattdessen tun, um Frust abzubauen? Wie wäre es mit Laufen?

Das wird dir am Anfang schwerfallen, also belohne dich nach dem Laufen mit einem kleinen gesunden Snack. Hier hilft auch wieder der im vorhergehenden Kapitel beschriebene Wenn-dann-Plan: *Immer, wenn ich Streit mit X habe, ziehe ich meine Laufschuhe an und walke/jogge.*

Du hast also jetzt einen Plan, wie du die Gewohnheit durchbrechen kannst. Dennoch wirst du einige Zeit brauchen, um die alte Gewohnheit durch eine neue zu ersetzen, denn erst nach einigen Trainingseinheiten werden in deinem Gehirn nach dem Laufen Endorphine (Glückshormone) ausgeschüttet, die das Verlangen nach körperlicher Betätigung auslösen. Man könnte Gewohnheiten auch als eine Sucht bezeichnen, da unser Gehirn hierbei nach einem ähnlichen Muster arbeitet wie bei Suchterkrankungen.

Übernimm dich aber nicht zum Anfang. Stecke dir kleine Ziele, d. h., versuche zunächst einmal, nur eine Gewohnheit zu ändern. Ab jetzt ist radikal und ausnahmslos Schluss damit! Wenn du Ausnahmen machst, steckst du schnell wieder im Hamsterrad der Routine! Nach zwei Monaten wird die neue Gewohnheit sich verankert haben, wenn du konsequent warst. Dann kannst du dich an die nächste Gewohnheit machen.

Es ist sinnvoll, eine schlechte oder alte Gewohnheit durch eine sinnvollere zu ersetzen, da sonst eine gefährliche Leere in deinem Leben entsteht. Hast du schon mal bemerkt, dass viele Menschen, die sich das Rauchen abgewöhnt haben, dick geworden sind? Meist haben sie die Zigarette durch einen Schokoriegel oder etwas anderes Süßes ersetzt. Also nutze den neu geschaffenen Raum, den die abgelegte alte Gewohnheit dir gibt, mit sinnvollen Dingen.

<u>Die Powertipps, um deine Gewohnheiten zu ändern, auf den Punkt gebracht:</u>

1. Erkenne deine Routinen und Gewohnheiten! Welche davon willst du verändern? Setze sie ausnahmslos und radikal ab!

2. Isoliere den Auslöser! Heißt, finde heraus, was dich zu deiner Routinehandlung animiert.

3. Ersetze die alte Gewohnheit durch eine neue, von deren Sinn du überzeugt bist. Es nützt nichts, die alten Gewohnheiten einfach abzuschaffen.

4. Finde heraus, welche Belohnung motivierend auf dich wirkt! (In Kurts Fall war es Rosa.) Wenn du statt Schokoriegel Wasser zu dir nimmst, hat das natürlich viel weniger Kalorien. Aber bringt es dich dazu durchzuhalten?

5. Erzähle möglichst vielen Leuten von deinem Vorhaben. Öffentlichkeit erschafft ein wenig Druck und, wie

---

du gelesen hast, ist leichter Druck durchaus anregend und hilft dir, dein Ziel zu erreichen. Du kannst von außen auch auf Unterstützung hoffen (oder auf Häme), die gleichermaßen motivierend wirkt.

6. Durchhalten! Hier helfen dir auch wieder die bereits erwähnten positiven Affirmationen. Damit du deine Gewohnheit dauerhaft änderst, braucht es im Schnitt zwei Monate, ehe sich die neue Gewohnheit in deinem Gehirn manifestiert.

Noch ein paar Tipps für Interessierte

Du hast nun einige Methoden kennengelernt, die dir helfen können, dein Leben zum Positiven zu verändern. Du hast gelesen, wie deine Gedanken und Gewohnheiten dich beeinflussen können und wie du Grübeln unterbrechen kannst. Neben den bereits vorgestellten Methoden gibt es noch einige, die hier kurz vorgestellt werden sollen.

1. Geführte Meditationen sind gerade für Anfänger und Leute, die schlecht abschalten können, eine geeignete Einstiegsvariante, um zu entspannen. Es gibt CDs oder auch im Internet kürzere und längere Meditationen, die du dir immer, wenn du ein Bedürfnis nach Ruhe und Entspannung hast, anhören kannst.

2. Progressive Muskelrelaxation nach Jacobsen: Das ist so etwas Ähnliches wie Meditation. Hierbei wird die Konzentration auf die Muskeltätigkeit gerichtet. Nacheinander werden im Körper unterschiedliche Muskelpartien angespannt und entspannt. Diese Methode lenkt ebenfalls von negativen Gedanken ab, sorgt durch den achtsamen Umgang mit dem Körper für eine bessere Körperwahrnehmung und einen entspannten Muskeltonus.

3. Kleine Erinnerungshilfen benutzen, um das Gute zu sehen – für Faule.

Du bist der Meinung, dass dein Tag nur mies war? Dann hast du sicher vieles übersehen. Wenn du von der Negativität deines Tages überzeugt bist, steck dir eine Handvoll Bohnensamen in die rechte Hosentasche.

Wozu das? Es soll dir helfen, dich am Ende des Tages an die schönen Dinge, die dir begegnet sind, zu erinnern. Immer, wenn du dich über etwas freust – und sei es auch noch so klein – lasse eine Bohne von der rechten in die linke Hosentasche wandern. Wenn du dich auf dem Weg zur Arbeit über den Sonnenaufgang freust, der Busfahrer dich freundlich begrüßt, ein Kollege dir was Nettes sagt …

Am Ende des Tages nimm die Bohnen aus der linken Tasche und versuche, dich daran zu erinnern, wann und warum welche Bohne die Seite gewechselt hat. Du wirst überrascht sein!

Zusammenfassung

Wir alle sind ein Produkt nicht nur unserer Eltern, sondern auch unserer Erfahrungen. Verschiedene Personen und Erlebnisse haben in unserem Leben auf uns eingewirkt und uns zu dem gemacht, was wir sind. Unsere Veranlagung, unsere Erziehung und alle Ereignisse in unserem Leben haben uns geformt und bestimmen, wie wir mit allem, was auf uns einwirkt, umgehen.

Dabei fragen wir uns oft: Warum stehen manche Menschen trotz mehrfacher Schicksalsschläge noch immer fest im Leben und haben sich sogar weiterentwickelt, während andere, die eine weitaus unspektakulärere Lebenslinie haben, nicht fortkommen. Das Zauberwort heißt Resilienz (Widerstandsfähigkeit). Doch das gute ist, dass jeder Mensch die Chance auf Weiterentwicklung und Entfaltung hat, unabhängig von seinen Resilienzen, denn nur unsere Gedanken und inneren Einstellungen halten uns davon ab, schöner, besser, erfolgreicher und glücklicher zu werden.

Wenn wir uns erkannt haben, unsere inneren Überzeugungen revidieren und verändern, stehen uns alle Wege offen. Durch das Umformen unserer Glaubenssätze und positives Denken können wir uns verändern. Wir sind in der Lage, mit etwas Zeit und Geduld unser Leben auf den Kopf zu stellen und zu lernen, besser mit Stresssituationen umzugehen. Wir können es mit einfachen Methoden schaffen, negative Gedanken in positive umzuwandeln und mit Meditation unser Bewusstsein erweitern. Wir müssen auch keine Sklaven unserer Gewohnheiten sein. Die Veränderung einer einzigen Gewohnheit kann lebensverändernd sein. Du musst nur anfangen.

Also – leg los und optimiere dich selbst. Viel Erfolg!

BONUS
Selbsthypnose *oder* wie du dich am effektivsten selbst veränderst

Du hast nun einige Methoden kennengelernt, auf dich und deine Gefühle bewusst Einfluss zu nehmen. Du weißt, dass alle deine Reaktionen auf Menschen und deren Verhalten ihren Ursprung in deiner Erziehung, vielmehr in deiner inneren

Einstellung haben. Deine Kritikempfindlichkeit, deine Wut, deine Trauer auf die Reaktionen anderer sind das Ergebnis deiner Interpretationen, die du nicht wirklich steuern kannst, solange du dir ihrer nicht bewusst bist. Die Sicht auf die Welt, auf andere, deine Gefühle – das alles entsteht in dir drin. Du bist dem jedoch nicht hilflos ausgeliefert. Du kannst lernen, mit Gefühlen umzugehen und Dinge zu ändern.

Um glücklich zu sein, hast du zwei Möglichkeiten: Entweder änderst du die Umstände, die dich unglücklich machen, oder ihre Bewertung. Wenn du mit deinem Job unzufrieden bist, hast du die Möglichkeit, ihn zu wechseln oder das Gute daran in den Vordergrund zu stellen.

Um so zu leben, wie man möchte, und das auch durchsetzen zu können, muss man wissen, was man will. Meditation kann dabei hilfreich sein. Du kannst dein Schiff nur steuern, wenn du weißt, woher der Wind weht und welches Ufer du anlaufen willst. Also werde dir zunächst darüber klar, was du erreichen möchtest und wie. Wenn du das weißt, kannst du die Selbsthypnose nutzen, um deine Ziele zu erreichen.

1. BEWUSST UND UNBEWUSST

In der Psychologie werden unbewusste und bewusste Teile der Psyche beschrieben. Diese arbeiten scheinbar oft gegeneinander. Dieser Ansicht war zumindest der Vater der Psychotherapie, Sigmund Freud. Er glaubte, dass im Unbewussten alle konflikthaften Gedanken und Gefühle „versteckt" sind. Diese können im Laufe eines Lebens unbewusst aufbrechen und zum Beispiel eine Depression auslösen. D. h., eine in der Kindheit erlebte konfliktgeladene Situation z. B. mit dem Vater wird verdrängt, wiederholt sich im Erwachsenenalter in ähnlicher Weise mit dem Ehemann. Wenn der alte Konflikt in einer Therapie sichtbar gemacht und bearbeitet wird, kann die Depression geheilt werden. (Das ist jetzt sehr grob umrissen.)

Der Begründer der Hypnotherapie Milton Erickson jedoch ging davon aus, dass im Unbewussten ein riesiger Schatz an Ressourcen liege, mit dem vieles möglich war zu verändern. Erickson heilte sich selbst von einer Kinderlähmung durch Imagination. Er stellte sich vor, wie seine Muskeln heilten und beweglicher wurden und lernte nach und nach wieder das Gehen. Wäre er der starren Auffassung der Ärzte, dem *Glaubenssatz,* er wäre unheilbar, gefolgt, wäre er vermutlich nicht genesen. Für Milton Erickson (und uns auch!) sind es also die starren Glaubenssätze, die schädlich sind. Bestimmte Bedürfnisse und Gefühle werden durch das Unbewusste gesteuert und lassen sich oft schwer durch bewusstes Handeln beeinflussen.

Oft in deinem Leben ergeht es dir so, dass dir irgendwas in die Quere kommt, um dein Ziel zu erreichen. Du setzt dich brav zu Hause an deinen Schreibtisch, um für deine Prüfung zu pauken. Aber statt dich zu fokussieren auf den Lernstoff, lässt du dich ablenken und wirst müde. Dein Unbewusstes lässt es nicht zu, dass du lernst. Dein Bewusstes hat den Willen, den Lernstoff zu schaffen. Mit Selbsthypnose kannst du eine Balance zwischen unbewussten und bewussten Prozessen in deinem Hirn schaffen. Das heißt in diesem Beispiel, dass du deine Müdigkeit akzeptieren kannst und trotzdem Ressourcen hast, den Lernstoff zu schaffen. Du räumst beiden Anteilen deines Bewusstseins den gleichen Stellenwert ein.

Hypnose arbeitet mit den unbewussten Teilen deiner Psyche. Hier ist dein ganzes Leben – alle deine Erlebnisse, deine Erinnerungen und die dazugehörigen Gefühle – abgespeichert. Du kannst mit Hypnose darauf zugreifen.

Hypnose ist den meisten ein Begriff. Viele denken an Personen im TV, die nach einer geführten Hypnose bestimmte Dinge nicht mehr tun können (Beispielsweise beim Zählen alle Zahlwörter mit drei auszulassen) oder sich albern benehmen. Der Hypnotiseur hat sie in einen anderen Bewusstseinszustand versetzt. Diese Form der Hypnose ist eine direktive Hypnose, d. h., der Hypnotiseur leitet den Probanden an und gibt ihm Anweisungen.

Im Grunde genommen, besteht kaum ein Unterschied zwischen geführter Hypnose und Selbsthypnose, denn nur du selbst kannst dich letztlich in diesen Zustand versetzen. Der Vorteil von Selbsthypnose liegt auch darin, dass DU mit deinem Inneren arbeitest und dir selbst die Richtung vorgibst bzw. du dich von deinem Unbewussten leiten lässt.

„Ist das nicht gefährlich?", fragst du dich jetzt vielleicht. Nein, denn du wirst dich selbst nur hypnotisieren können, wenn du es zulässt. Genauso ist es, wenn jemand anderes dich hypnotisiert. Solange du es nicht zulässt, wird dieser Mensch keinen Erfolg bei dir haben.

Mit Selbsthypnose kannst du besser mit schwierigen Gedanken und Gefühlen umgehen, du kannst in Arbeits- und Prüfungssituationen das Beste aus dir herausholen, schlechte Angewohnheiten ablegen, Ängste besiegen, Suchtkrankheiten heilen und vieles mehr. Wie das funktioniert? Du hast in deinem Leben sicher eine ganze Palette von Gefühlen schon einmal durchlebt. Diese sind in deinem Unterbewusstsein gespeichert. Sie sind deine Ressourcen, deine Kraftquellen. Wenn du zum Beispiel in deiner Jugend einmal eine Mutprobe bestanden hast, ist das triumphale Gefühl noch irgendwo in deinem Kopf. Stehst du jetzt wieder vor einer schwierigen Situation, in der du Mut brauchst, kannst du auf das gespeicherte Gefühl mit Hypnose zurückgreifen.

Dein Unbewusstes will immer das Beste für dich. Wenn du dir ein Ziel setzt, das mit anderen Bedürfnissen im Widerstreit steht, wirst du dich damit nicht wohlfühlen. Wenn du zum Beispiel einen Top-Job im Ausland gern annehmen willst, aber deine Familie zurücklassen müsstest, wirst du dich nicht wohlfühlen. Du bewertest deinen Wunsch und die Möglichkeit, deine Familie zurückzulassen grundlegend als schlecht. Ein Konflikt entsteht.

Ein positiv für dich wirkender Bewusstseinszustand, auch generativer Bewusstseinszustand genannt, wird diesen Konflikt auf einer tieferen Ebene für dich transformieren und Lösungen suchen bzw. Veränderungen in dir herbeiführen. In diesem Bewusstseinszustand ist alles möglich, du bist verspielt wie ein Kind und offen für alles. Ihn musst du erreichen, um die Selbsthypnose optimal für dich nutzen zu können.

Das Gegenteil davon ist ein starrer Bewusstseinszustand, der dich alles nur schwarz oder weiß sehen lässt, dich angespannt, fixiert und verkrampft sein lässt. Dieser Bewusstseinszustand ist das, was wir zu sein glauben und ist geprägt durch unsere Glaubenssätze, Werte, Vorurteile und unser Wissen über die Welt. Das ist unser starres Reaktionsmuster auf alle Herausforderungen, die das Leben so stellt.

Mit Selbsthypnose kannst du deine bewussten und unbewussten Anteile in Balance bringen, auf Krankheiten einwirken, in Stresssituationen gelassener werden etc. Fange so an:

2. WAS IST HYPNOSE?

Die Hypnose arbeitet mit der Aufmerksamkeit, wobei der Hypnotisierte allein durch starke Konzentration in einen veränderten Bewusstseinszustand gelangt – eine tiefe Trance. Leichte Trancezustände kennst du auch, beispielsweise, wenn du so in deinem Buch versunken bist, dass du die Außenwelt nicht mehr wahrnimmst und dich geistig ganz am Ort des Geschehens befindest. Irgendwann schaust du auf die Uhr und wunderst dich, wie spät es ist. In Trance kann sich die zeitliche Wahrnehmung verändern. Weitere Phänomene während der Hypnose sind Vergessen (der Hypnose) oder besonders starke Erinnerung an die Hypnose, erhöhte Lernfähigkeit (Auflösung von Denkblockaden) und parallele Existenz von Achtsamkeit auf die Gedanken und Muskelentspannung.

In einem Trancezustand dominieren unwillkürliche, automatische Prozesse und das bewusste Ich tritt zurück. Optimal wirkt die Trance, wenn wir in einem oben beschriebenen offenen, generativen Bewusstseinszustand sind, d. h., wir uns nicht selbst versperren, sondern Möglichkeiten zulassen und nicht starr und verkrampft nur eine Veränderung fordern. Wie sind entspannt, sind einfach bei uns, können Probleme in unserem Bewusstsein wertfrei annehmen und Fragen unbeantwortet lassen.

Hirnforscher haben herausgefunden, dass die verschiedenen Bewusstseinszustände messbar sind. Unser Gehirn kann Alpha- und Betawellen aussenden, dann sind wir wach und bewusst. Im Tiefschlaf sind es eher Gammawellen und in einer Trance Thetawellen.

Das lässt sich auch durch die Hirnentwicklung veranschaulichen: Der Mensch ist aus einem Reptil entstanden, das irgendwann an Land ging und ein Säugetier wurde. Die uralten Anteile, das Reptilien- und das Säugetierhirn, sind verantwortlich für die unbewussten Körpervorgänge wie Atmung, Puls, Kreislauf bzw. Gefühlsvorgänge, Sinneseindrücke und Instinkte. Der neueste Teil, das Großhirn, steuert das, was wir bewusste Vorgänge nennen – Denken, Sprache, also die intellektuellen Fähigkeiten. Doch eins kann ohne das andere schlecht existieren. In Trance schaffen wir eine Verbindung zwischen unseren Sinnen und unserem Bewusstsein.

Dazu ist es fundamental wichtig, dass du all deine Probleme akzeptierst. Solltest du dir zum Beispiel wünschen, keinen Stress mehr haben zu wollen, wird das Gegenteil eintreten, da dein Gehirn keine Verneinung kennt, du das Problem weghaben willst und du es nicht akzeptiert hast, dass du hin und wieder Stress haben wirst. Wünsche dir stattdessen Entspannung.

Setze dir vor der Selbsthypnose ein realistisches Ziel.

Du solltest zum Beispiel nicht das Ziel haben: *Ich will immer fröhlich sein.* Du weißt selbst, dass das nicht funktionieren wird. Irgendwann wirst du im Leben auch mal traurig sein.

Gefühle und Ideen lassen sich nicht verdrängen. Sie sind in dir und können nicht unterdrückt werden, besonders dann nicht, wenn sie bei dir in Resonanz gehen. Alles, was ein positives Gefühl bei dir hervorruft, kannst du nicht auf Dauer wegschieben. Auch negative Gedanken und Gefühle gehören zum Leben und können nicht komplett verdrängt werden. Du musst deine Gedanken, Gefühle und deine Werte annehmen und akzeptieren. Gehe wertfrei, d. h. achtsam, mit ihnen um. Soll heißen: Akzeptiere dich mit all deinen Facetten!

Checkliste für deine Ziele:

1. Ist dein Ziel affirmativ formuliert? D. h. ohne *kein/nicht*.

2. Stimmt das Ziel mit deinem Gefühl überein, erzeugt es in dir ein angenehmes Kribbeln, Wärme etc. Wenn ja, wo?

3. Ist es kurz und knapp formuliert? Maximal 5 Worte!

4. Sind alle damit verbundenen Bedürfnisse berücksichtigt?

3. JETZT ABER LOS ...

Wie gesagt, solltest du dich zunächst in einen generativen Bewusstseinszustand bringen. Wie gelingt dir das:

1. Nimm eine bequeme Sitzhaltung ein. Entspanne dich.

Hier kannst du die Übungen aus der Meditation verwenden und mit jedem Atemzug entspannter werden oder einen Bodyscan machen. Dabei gehst du im Geiste jede Muskelgruppe von den Zehen bis zum Scheitel durch und atmest tief ein und aus. Stell dir vor, wie du dich von unten bis oben betrachtest und jeden Muskel bewusst wahrnimmst, ihn lockerst, löst und schwer werden lässt.

2. Formuliere ein Ziel (siehe oben). *Ich wünsche mir am meisten, dass ...* Tritt eine Empfindung auf? Wenn ja, wo, spüre ihr nach und überprüfe auf einer Skala von eins bis zehn, wie verbunden du dich damit fühlst. Diese Zahl behältst du im Gedächtnis.

Optimal ist eine Zahl zwischen 6 und 8. Verbinde dich mit deinem Ziel. Bist du entspannt und gelöst, wenn du daran denkst? Gut! Sobald du irgendwelche Widerstände spürst, stimmt etwas nicht.

3. Zentriere dich. Nur dann wirst du Erfolg haben. Zentriert zu sein heißt, dass du eine sichere Position in deinem Körper hast, dich mit ihm verbunden fühlst und deine Sorgen, Gedanken und Probleme aus einer beobachtenden Position heraus wahrnehmen kannst. Du bist in deiner Mitte. Wie kommst du dahin? Z. B. über deinen Atem. Denke dir einen Punkt zwischen Nasenlöchern und Oberlippe, auf dem Philtrum. Er muss auf der Mittellinie deines Körpers liegen. Nun stell dir vor und spüre einige Atemzüge lang, wie der Atem mit jeder Ausatmung diesen Punkt streift. Lass diesen Punkt in deiner Vorstellung langsam kleiner werden, aber nur so klein, dass du ihn noch spürst.

Jetzt bewerte wieder den Grad deiner Zentrierung. Wenn er unter 5 ist, mach noch ein wenig weiter.

4. Finde Unterstützer, die dir helfen, dein Ziel zu erreichen.

Richte deine Konzentration jetzt ganz nach innen und bitte dein Unterbewusstsein um Hilfe. Du kannst das in deinem Kopf ruhig so formulieren:

Ich bin vollständig zentriert. Meine Aufmerksamkeit ist ganz nach innen gerichtet. Ich vertraue darauf, dass ich von meinem Unbewussten Bilder, Vorstellungen und Erinnerungen bekomme, die mich dabei unterstützen, mein Ziel zu erreichen.

Was taucht in dir spontan auf – Bilder, Gefühle, Erinnerungen? Welches Gefühl löst dies an welcher Stelle in deinem Körper aus? Verbinde dich damit und speichere es ab!

5. Falle noch tiefer in Trance! Nimm bewusst alles wahr, was du siehst, hörst, riechst, fühlst und schmeckst.

Sage dir z. B. in deinem Geist: *Ich rieche die Narzissen und lasse mich dadurch noch tiefer in Trance fallen. Ich höre das Zwitschern der Vögel und lasse mich dadurch noch tiefer in Trance fallen ...*

Mache das mit jeder Sinnesempfindung mehrere Male, bis du ganz tief in Trance bist.

6. Jetzt musst du nur noch deine Empfindungen und dein Ziel zusammenbringen. Höre auf das Feedback,

das dein Unterbewusstsein gibt. Lasse alles zu, ohne eine Antwort erzwingen zu wollen. Vertraue der inneren Stimme und der Saite, die sie zum Klingen bringt.

7. Aus der Trance treten. Lasse nun alles, was dir in den letzten Minuten passiert ist, noch einmal vor deinem inneren Auge an dir vorbeiziehen. Welche Empfindungen hattest du? Reflektiere darüber. Wofür bist du dankbar? Was war überraschend? Dann hole dich langsam ins Hier und Jetzt, indem du deinen Atem wieder bewusster wahrnimmst, deine Muskulatur wieder anspannst, die Augen öffnest. Sprich ruhig die Sätze: *Ich werde langsam wacher. Ich recke und strecke mich. Ich atme wieder kräftiger.*

Erwarte nicht zu viel am Anfang. Nimm dir, um zu üben, jeden der einzelnen Punkte von eins bis vier vor und übe ihn eine Woche lang. Wenn du alles gut kannst, kannst du damit anfangen, an deinen Zielen zu arbeiten.

4. TECHNIKEN

Mentales Training

Mentales Training bedeutet im Grunde nichts anderes, als schwierige oder wichtige Situationen im Geiste in einer Trance durchzuspielen. Du versetzt dich demnach in einen Trancezustand und stellst dir beispielsweise den Verlauf eines Vorstellungsgesprächs oder den Verlauf eines dir wichtigen Fußballspiels vor. Dein Unterbewusstsein schickt dir Tipps, wie du diese Situationen gut bewältigen kannst. Mentales Training ist gut, wenn du Stress bewältigen willst.

Der Anker
Wenn du geübt genug bist, kannst du beispielsweise mit Hypnose-Ankern üben. D. h., dass du ein positives Gefühl mit einem bestimmten Geruch, einem Bild, einem Wort oder einer bestimmten Berührung verbindest. Wenn du zum Beispiel das Ziel hast, mutiger zu werden, bitte dein Unterbewusstsein um mehr Mut. Lasse dir eine Situation schicken aus deinem Leben, in der du besonders mutig warst. Versuche, die Erinnerung daran festzuhalten. Lasse sie lebendig werden mit allen Sinneseindrücken, die du damals hattest. Wenn du glaubst, dass die Empfindung nicht stärker werden kann, setze deinen Anker. Lege beispielsweise deine Hand aufs Herz. Wann immer du nun in eine Situation kommst, in der du Mut brauchst, setze diesen Anker und du wirst ihn verspüren, da du eine Verbindung vom Außen zum Unbewussten geschaffen hast.

Suggestionen
Suggestionen sind Einladungen oder Aufforderungen

an dein Unterbewusstsein, in bestimmten Situationen mit dir zu kooperieren. Sie funktionieren ähnlich wie der Wenn-dann-Plan, sie umgehen aber den bewussten Teil. Sie können dein Verhalten positiv verändern, Ängste abbauen etc. Suggestionen wirken aber nicht bei starken inneren Konflikten. Das heißt, wenn unser Unbewusstes das eine macht, während unser Bewusstes das andere will, können Suggestionen immer nur eine Seite berücksichtigen.

Du kannst Suggestionen nutzen, indem du zunächst Auslöser identifizierst (um dein Ziel zu erreichen). Zum Beispiel löst der Anblick einer Spinne Angst aus. Dazu musst du die Empfindung, die du hast, achtsam wahrnehmen. Du denkst dann beispielsweise: *Ich sehe diese Spinne und ich habe Angst. Mein Herz schlägt schneller.* Bewerte diese Situation nicht. Im nächsten Schritt kannst du an deine Empfindung eine Suggestion anhängen.

Wenn ich eine Spinne sehe und mein Herz schneller schlägt, atme ich fünfmal tief durch und bleibe ganz ruhig.

Egal, für welches Ziel du Suggestionen verwenden möchtest, beginne immer mit einer achtsamen Beschreibung der Auslösesituation. Verknüpfe den Auslöser dann mit einer Lösung, d. h. mit einem Vorschlag, wie du auf den Auslöser reagierst: Das kann eine körperliche Reaktion (Durchatmen) oder eine Erinnerung

an ein schönes Erlebnis sein. Du kannst dir auch vor-
schlagen, *wenn X passiert, denke ich an Y* und richtest
deine Aufmerksamkeit auf etwas anderes.

Du kannst so erreichen, dass du deine (unbewussten) Gefühle akzeptierst und dir dein Unbewusstes dir
Ressourcen schickt, diese zu akzeptieren und besser
damit umgehen zu können. Du formst die Beziehung
zu dem unangenehmen Gefühl neu.

Mit ein wenig Übung kann es auch dir gelingen,
durch Selbsthypnose Bilder, Erinnerungen und Gefühle aus deinem Unterbewusstsein hervorzuholen,
um dich neu zu formen und dir zu helfen, schwierige
Situationen zu meistern.

Herstellung und Verlag:

BoD – Books on Demand, Norderstedt

ISBN: 9783754322703

1. Auflage

Kontakt: Psiana eCom UG/ Berumer Str. 44/ 26844 Jemgum

Covergestaltung: Fenna Larsson

Coverfoto: depositphotos.com